增长四极

企业破圈升级的黄金法则

陈国环　苗朝辉　著

机械工业出版社

CHINA MACHINE PRESS

图书在版编目（CIP）数据

增长四极：企业破圈升级的黄金法则 / 陈国环，苗朝辉著 . —北京：机械工业出版社，2023.12

ISBN 978-7-111-74685-0

Ⅰ. ①增⋯　Ⅱ. ①陈⋯ ②苗⋯　Ⅲ. ①企业经营管理　Ⅳ. ① F272.3

中国国家版本馆 CIP 数据核字（2024）第 028145 号

机械工业出版社（北京市百万庄大街 22 号　邮政编码 100037）
策划编辑：白　婕　　　　责任编辑：白　婕　华　蕾
责任校对：肖　琳　张　薇　责任印制：李　昂
河北宝昌佳彩印刷有限公司印刷
2024 年 5 月第 1 版第 1 次印刷
170mm × 240mm · 16.25 印张 · 1 插页 · 221 千字
标准书号：ISBN 978-7-111-74685-0
定价：89.00 元

电话服务　　　　　　　　网络服务
客服电话：010-88361066　机 工 官 网：www.cmpbook.com
　　　　　010-88379833　机 工 官 博：weibo.com/cmp1952
　　　　　010-68326294　金 书 网：www.golden-book.com
封底无防伪标均为盗版　机工教育服务网：www.cmpedu.com

实战提炼，验证有效

　　优秀的创业者不是生来优秀，而是非常善于学习和总结并学以致用。在我所认识的创业者和合作伙伴里，国环是一个李云龙式的人物，思路清晰，非常善于独立思考并给出自己的意见和打法，离开瓜子二手车（简称瓜子）后的这些年，他获得了显而易见的成长，他的方法论也进一步成熟，本书就是很好的体现。

　　谢谢国环在加入赶集网和瓜子期间，帮助我们打造了一支线下铁军，并且参与了很多战略和组织建设方面的讨论。他和团队共同建立的体系在他离开后仍然高效地推动着公司的战略落地和业务进展，我想这也是这本书为什么值得一读的一个重要原因，因为他的方法被验证是有效的。

　　大道至简，本书将创业过程中需要做的几件重要的事情用极简易懂的方式进行了提炼，比如在战略层面，国环用"选择""聚焦""击穿"六个字就将复杂的战略制定和执行过程言简意赅地表达了出来，回顾赶集网的发力过程，这六个字确实简单有力。

　　在商业路径和运营创新部分，本书提炼的方法论和理论原则让人耳目一新，市面上很少见到这样的理论指导，这完全来自作者对自己实战经验的总结。商业路径中的"十字型工具"形象易懂，原点、上游、下游、竞争方和合作方五点发力的增长方法论，让创业者能系统清晰地知道自己的发力方向和商业路径选择！运营创新部分提炼的运营四大原则，为创业者提供了搭建运营模型的理论指导，帮助大家避免陷入迷茫、跟风和盲目同质化竞争的泥潭，降低失败的风险，减少无谓的试错成本。书中给出的几大运营模型的例子也非常具体生动，为创业者提供了非常实用的参考。此外，书中还给出了对未来运营模型发展趋势的预判，为读者打开了另一扇"上帝之门"。

在组织建设部分，本书提炼出打造组织能力的七大维度，将我们在赶集网和瓜子二手车共同奋斗时采用的分散的方法进行了系统化的总结。

这些都是在实战中被验证过的有效方法，与纯理论和根据别人的东西进行提炼的内容有本质上的不同。本书所有的理论都来自实战，所有的理论都来自"有用"，有用有效就是王道！本书非常实用，值得拥有和阅读。

在阅读本书的过程中，我时时会想起以往共同战斗的岁月。增长四极模型中的每一个方法和理论，都能让我想起在赶集网和瓜子的一个个场景和决策过程，这也是国环带给我的一笔不菲的财富。现在，国环在用他提炼出来的理论指导一个又一个不同赛道的创业者，我相信这些创业者肯定都和我一样受益良多。作为一起战斗过的战友，我衷心为国环感到开心！

希望本书的增长四极模型能帮助越来越多的人，也祝愿国环和朝辉在越来越多的实践中提炼出更多好用的理论，让企业家和创业者得到更多的启示和指导！

杨浩涌

赶集网创始人兼 CEO、瓜子二手车创始人兼 CEO

2024 年 2 月

增长是永恒的主旋律

　　看到阿里巴巴的老同事陈国环著书立作，我非常高兴，因为我相信，他写的书一定非常贴近实战，对创业者有实际的指导意义。书名叫"增长四极"，起得很好。以前阿里有句话，"只为成功找理由，不为失败找借口"，当下的环境给很多企业的不增长提供了特别好的借口，但是，即使在非常不利的经济环境下，企业也不应该放弃增长，增长是企业存活的唯一希望，是给团队的希望，也是给股东的希望，更是给客户的希望。增长是企业永恒的主旋律！

　　当然，也不能追求没有效率的增长。经济形势好的时候，企业之间比的是谁的车开得快，因为先开到下一个加油站才可以加满油，再开到下一个里程碑。现在呢，企业之间不仅要拼增长的速度，还要拼效率，也就是要拼谁更省油，不能再追求每小时 100 公里的时速。因为在未来的经济周期中，前方的油不多了，而且变得更贵了。

　　前方的加油站就是资本。资本面临着寒冬，变得更稀缺，也变得更金贵了，所以我们现在要在控制好每百公里油耗的前提下再提增长。本书作者曾经就职的阿里中供铁军一直提倡人效至上，强调人均收入、人均开发新客户数，正是这种对人效的追求才使阿里巴巴不仅获得了高增长，还具备了高效率。

读罢此书，有两点使我深受触动。

第一，选择比努力重要。要获得成功，一个企业要在战略方向上、一个人要在职业生涯中连续多次做出正确的选择。

第二，和谁在一起比选择更重要。加入一个什么样的团队很重要，懂得如何培养一个团队也很重要。孤独者可以走得很快，但是抱团在一起形成一个集体可以走得更远。在探索企业的发展战略和追求效率时，在背后起支撑作用的都是团队。本书也介绍了以阿里巴巴为代表的企业，是如何打造一个有温度也有速度的组织的。每个企业的战略不一样，但有人的地方就有组织，组织强才能把最好的战略落实下来，甚至可以说，二流的战略配上一流的组织，比一流的战略配上二流的组织要更强一些。

不少以前的老同事都写了书，我相信这本书会有其独到之处，因为陈国环和苗朝辉除了在阿里巴巴工作过之外，还加入过另一家互联网企业（赶集网），并且在那里经历了起死回生的重大转折，此外，陈国环还经历了重新创业（瓜子二手车），并使企业获得了高速增长！与那些只在一家企业一帆风顺地成长的人相比，他们的经历更丰富，也更值得借鉴。

最后，希望这本书能给处在新的经济周期下感到困惑的企业家更多的信心和更多的方法，让他们获得增长的力量！

卫哲

嘉御基金创始合伙人兼董事长

2024 年 2 月

道法相融，致变者胜

变化是唯一不变的。

——亚瑟·叔本华

有幸与国环兄结识，源于我自身经历的一轮变化。

向前回顾，我从业、创业已二十余年，各种情景、机缘之下，本应该早就与国环兄相识了，但是总是未能实现，大致是需要等待最合适的时机。毕竟作为后辈，多些成长之后，才能更好地与前辈交流，向前辈学习。

认识国环兄之前，我就与赶集网创始人杨浩涌结识，一起学习了几年。在各种学习、切磋和交流中，浩涌兄重点分享了相关业务领域的增长方法，并频繁提到与国环兄的合作。后来，我又结识了赶集网前 CTO、火花思维的创始人罗剑，他也屡屡提到国环兄。终于有一次，我与国环兄、张勤兄（花名杨过）等一起为一群创业者做分享赋能，才得以与国环兄相识。

那一轮分享赋能之后，我与国环兄、张勤兄一起畅聊多时，大家都发现，中小型的创业团队、成长型企业的各业务团队十分需要一套经过实践检验、具备系统性同时又接地气的方法论来推动业务的增长、团队的迭代。没承想，不到一年，我就收到了国环、朝辉的新作。这让我十分欣喜。认真拜读之后，更是敬意倍增。

这本书十分有意义，我自己一直在寻找适合向团队分享和推广、可以作为企业团队内部持续成长的学习材料的书。自己的总结和沉淀毕竟难免片面和有所疏漏，而道术兼备的前辈的奋力创作正好为我和我的团队提供了"终南捷径"。书中涵盖了战略规划方法论、商业化路线图、运营创新、组织建设的内容，它们构成了企业增长的四极，为我和团队的商业实践提供了系统的印证和未来发展的指导。

方法不是外在的形式，而是内容的灵魂。

—— 弗里德里希·黑格尔

舰颜在感知智能和多媒体通信学术领域混迹多年，熏陶之下，我个人对于方法论格外重视。二十多年前，硕博连读期间我便发愿创业，但毕竟茅庐未出，踩坑不断，乱七八糟。当时，我把阿里巴巴当作学习对象，恰巧有不少亲朋同学在阿里巴巴从业，近水楼台。

一路走来，我经历过，也看到过不少团队在战略方法论上出问题。归纳来说，主要问题有两类。一类是不谈"战略"，只谈"业务"。这样的企业肯定会出问题，长期如此，一定会迎来它的"明斯基时刻"（Minsky Moment）。另一类就是"战略"无处不在，天天谈、处处谈，结果一地鸡毛。战略这个环节，没有不行，只有形式也不行，需要有具体的方法来定义、来维护、来落地、来迭代。

当然也有很多的创业者、企业家夕惕若厉，寻求生存、发展和突破，不断寻医问药，苦求良方。细读国环兄的新作，总结得十分清晰，出局与入局、校准认知与战略聚焦、击穿与赋能、成局突破与数字化升级……近两年来生成式 AI 的兴起，更会为企业的战略升级与突破带来巨大的新机会。

> 我侪虽事学问，而决不可倚学问以谋生，道德尤不济饥寒。要当于学问道德以外，另求谋生之地。经商最妙，honest means of living。
>
> —— 陈寅恪

陈寅恪先生的这段话，是我念书的时候读到的。这也是我后来投身商业的动因之一。没有商业化结果的创业都是"耍流氓"，尤其是在当前的全球趋势下，大周期、小周期都让大家不得不更加重视商业化。

在业务经营的方法论集合之中，路径规划是从战略到战略执行的关键环节。只有路径清晰，策略目标与执行分解才有可能明确，然后再做具体的战术执行，最后反馈、迭代推进。国环、朝辉在新作中给出了五种具体的路径规划方法，让我很受启发。虽然其中不少方法我在自己的从业、创业经历中都用到过或者看到过，但这样系统性的梳理呈现，还是头一次见。在头部企业都在频繁探讨如何"活下去"的当下，这些路径规划的方法和案例，对大家十分有益。

> 企业家精神是一种行动，而不是人格特征。它的基础在于观念和理论，而非直觉。
>
> —— 德鲁克（《创新与企业家精神》，1985）

运营是一个非常难操作的领域，关于运营的理论梳理和赋能分享就更难了。毕竟，运营是一个宏观、中观、微观三个层次紧密结合的领域，也是一个要在坚持与变化之间持续进行微妙选择的领域。从国内的头部企业来看，阿里巴巴在这方面具备相对明显的优势和领先性，不论是在 ToB 还是 ToC 领域。

在本书的"运营创新"部分，我们可以看到对运营评价标准的介绍、给决策者和运营从业者的创新原则、相应的候选的运营模型以及运营模型迭代与进化的方向。结合案例的分析拆解，这部分讲清了运营的"然"和"所以然"，对于不同发展阶段的企业都大有裨益。

企业运营对企业发展至关重要，期待国环兄、朝辉老师有机会可以将这一部分扩写为一部专著，以飨广大的创业者、企业家和运营从业者。

有勇气在自己生活中尝试解决人生新问题的人，正是那些使社会臻于伟大的人！那些仅仅循规蹈矩过活的人，并不是在使社会进步，只是在使社会得以维持下去。

—— 拉宾德拉纳特·泰戈尔

事在人为。在现代企业管理中，组织这个要素日益受到大家的重视。战略的迭代和升级，需要配合组织的迭代和升级，这已经是广泛的共识。近些年来，大家对于组织"敏捷性"更加强调，对于组织"年轻化"有更多的落实，但是对于组织的"韧性"却鲜少提及，涉及实际操作的具体指导就更少了。

大环境的变化、周期的推进、营商合规要求的趋严，都需要创业者、企业家将自己的组织打造得更具备"韧性"。以"因人成事，借事修人"为内在主轴的方法论，对任何一个团队来说都是可以参考和运用的。组织能力已经被认为是可能成为一家企业核心竞争力的能力维度。而起源于阿里巴巴初创阶段的打法，经过实战的检验而不断丰富和发展，兼容并包，迭代升级，具有了新的生命力。

道在这里启示你

—— 汉普郡布雷莫尔圣玛丽教区教堂南门廊拱门上的古英语铭文

作为一本两百多页的著作，本书浓缩了很多精华。国环兄、朝辉老师可以分享的比这要多得多。本书中的每一个部分、每一个章节，都可以独立扩写为专门的著作。大多数时候，大家多少都有朴素的认知，只是少了一些点拨。

大道至简，本书精练的语言、系统的梳理、丰富的案例，恰好能给大家带来新的启示。

希望《增长四极》能够帮助到更多的创业者、企业家朋友，让他们在新旧周期叠加的大形势下，在挑战与机遇并存的世界百年未有之大变局的环境下，科学地规划，坚韧地实践，敏捷地迭代，努力在自己的行业和领域内实现突破式增长，破圈升级，多创佳绩！

樊星

钉钉科技有限公司前 CTO、杭州顺网科技股份有限公司 CEO

2024 年 1 月

"黑客"与"画家"的结合，让企业拥有无限可能

如何成为伟大的企业？那些伟大的中国企业是如何创造了自己的持续增长的？"创造伟大"需要什么样的格局和方法论？

2022 年春节，我带着疑惑到杭州深夜拜访了陈国环老师，那一晚，虽然屋外春寒料峭，但是屋内的围炉夜话却让我的内心为之一热。陈老师讲述了自己志在成就伟大企业的梦想，瞬间击中了我的心。

笔记侠走过了 8 年时间，见证、陪伴了上千位企业家和创业者从成长走向成功。作为汇聚先进思想与技术的新商业服务平台，笔记侠一直努力让穿越周期的思想引领中国商业新潮流。如何通过一个内容场景对陈老师的思考和实践进行提炼和传递，是我在和陈老师交流后一直在思考的。

最终，我想到一个方法，就是请陈国环老师和笔记侠一起识别、筛选和发展中国改革开放第五个 10 年即将诞生的第五代企业家，助力他们做好企业知识管理与创新。

于是，2022 年，我们通过笔记侠转型升级私董会，肩负起发现中国优秀企业和陪伴这些企业转型升级的使命，带领不同领域和细分行业的领导者、佼

佼者不断成长，让他们在各自的领域做到第一或前三，做到数亿元甚至上百亿元的规模。这些人基本上都是 80 后、90 后的新锐创业者，来自视频电商、高端餐饮、跨境金融、灵活用工、SaaS、快销日用、数字技术、本地生活、高新材料技术等各个领域。作为私董会导师，陈国环老师从战略到运营层面，和大家一道去定义企业的真问题，梳理转型升级的核心卡点，并给出增长解决方案。

这个过程就是共创的过程。我们在私董会中把陈国环老师请到一个场景中，他每次会花半天时间分享，花一天半的时间与案主对话，层层提问，抽丝剥茧，通过导师指导和案主总结的方式，向中国优秀企业家、新一代的创业者输出一号位视角下的运营法则，帮助他们基于战略机会点选择相称的运营模式。笔记侠转型升级私董会后，多位行业细分赛道的佼佼者已经在陈国环老师的陪跑下调优了运营模式，做对了关键决策，实现了二次增长。

增长是企业的生命线，如何提升决策智慧，度过新的时代周期？我在一次次的现场聆听以及在对本书的阅读中，产生了两个思考。

第一，增长并非只是一个技巧那么简单，而是一套模型。

笔记侠研究了不少国际品牌、新消费品牌和细分赛道佼佼者的增长模型，对增长的关键能力、关键路径和打法都有深入的总结和切合实际的思考，我们发现，增长其实是"黑客"与"画家"的结合。

"黑客与画家"的概念来源于硅谷创业之父、YC 孵化器创始人保罗·格雷厄姆的《黑客与画家》一书。"黑客"代表逻辑、模型、解构、分析、拆解，"画家"代表同理心。"画家"用同理心洞察，绘制一个梦想，提供能够改造心智的力量；"黑客"实现改造消费者心智的过程，并衡量效果。

陈国环和苗朝辉老师提出了黑客式的增长四极模型：战略三部曲（选择、聚焦、击穿）—商业化路径（资金效率决定企业生死）—运营创新（搭建和迭代运营模型）—组织建设（组织能力决定企业上限）。

同时，他们又用画家的同理心总结了在不确定时代企业增长的一个核心法则——客户价值决定企业成败，要深度研究和精确洞察客户需求。

第二，长期增长不是来自简单的业务叠加。

好的增长，看布局、看聚焦、看模式。

对这几点，两位老师在书中均有浓墨重彩的输出。我强烈推荐战略三部曲、商业化路径这两个篇章，增长乏力者、多元困境者、本末倒置者、囚徒困境者、好高骛远者都可以看看。书中给出了诸多案例，这也是本书的亮点之一，即基于实际案例进行拆解。

我在这里总结一些重要的观点来让大家领略一下本书的核心思想。

布局决定终局

预判有点像赌博，它是智慧地思考，不可能百分之百准确，但是会提高你的思考能力。

终局思维不是一步到位的战略部署，而是着眼于"路径—终点"的大图——认清本质，先从终点做反推。

创始人缺乏初心的话，企业的战略常常会摇摆不定。

机制决定格局

运营创新不是为了创新而创新，而是为战略服务的。

要站在公司战略的角度去思考公司现有的运营模式是否符合当下阶段的发展，能否帮公司实现最终的战略意图。

选择合适的运营模型是企业生存和高效运行的保障，运营创新能够发挥协同效应，实现四个要素（战略、组织、运营模型、执行落地）的匹配。

在中国，死于运营的企业九成是由于运营错配（主动因素）和同质化的运营竞争（被动因素），根本原因是缺乏运营创新。

聚焦决定力量

专心做好自己的优势是战略的核心。陈老师提醒大家：四面出击，造成四面楚歌；十面出击，造成十面埋伏。

失败的企业很少是饿死的，大部分都是撑死的，是被自己的贪婪撑死的。

要知道自己要的是什么以及应该先要什么、后要什么。

伟大的企业一定是团队共同奋斗的结果，而不是个人英雄主义的结果。

想要经营好企业，CEO 要心力脑力勤快，而不是体力勤快。

阅读《增长四极》，我犹如一个在沙滩上捡贝壳的小孩，以上只是我捡到的一些于我而言闪闪发光的贝壳，我希望你也能沉浸到书中，去捡拾对你弥足珍贵的贝壳。

在这个"世界百年未有之大变局"的时代，今天的企业家和创业者在做决策时需要了解更深刻、更底层的逻辑，我也邀请更多的企业家、创业者，特别是第五代企业家，共同学习，丰富自己底层的知识和见识。

柯洲

笔记侠创始人、CEO

2024 年 2 月

只为成就伟大企业

过去 20 多年，我如同上下求索的旅者，在企业的丛林中穿行，阿里巴巴、赶集网、瓜子……这些企业带给我的挑战与实践，以及我多年来的洞察与积累，把我从一名对经营管理一无所知的新兵锤炼成了能引领企业持续增长、不断向前发展的管理者。

从新兵到将军

我于 2002 年加入阿里巴巴，这是一场奇妙的因缘际会。

20 多年前的我是一个热血的理想主义者，一心追求"铁肩担道义"，因此，大学毕业后，我成为一名政法工作人员，希望能为中国法制的完善尽绵薄之力。但工作几年后，我渐渐发现，本科学历极大地限制了我的长远发展，为了弥补这一短板，我决定考研。2002 年年初，我顺利地考上了研究生。

在等待入学的那段时间，一个偶然的机会，我遇到了一位老朋友。一阵寒暄后，我了解到他刚刚跳槽到一家叫作阿里巴巴的公司，他建议我利用这段时间到阿里巴巴赚学费。当时的我对阿里巴巴一无所知，不过我觉得这是一个好建议，不久之后，我就从宁波跑到了杭州面试。

2002年的阿里巴巴还是一家名不见经传的小公司，远没有今天的地位。它的"中国供应商"（简称中供）业务急需销售员，但几乎招不到人，员工极度短缺。因此，我的面试没有什么波折，更毫无悬念——面试结束后，我刚走到楼梯口，就接到了录取电话。

入职后的我雄心勃勃，给自己定下了成为顶尖销售员的目标。我虽然没有销售经验，但大学时期作为学生会外联部部长，我曾经在暑期组织了3000多名大学生给企业做推广，曾在一天时间里就赚到了20万元现金。我想，这说明我在建团队、带团队和营销方面还是有一定天赋的。记得当时面试我的是中供销售团队（那时阿里巴巴只有中供销售团队）的负责人李琪，他听我说完自己的野心后，笑着摇了摇头，仿佛那是天方夜谭。

事实上，我的确低估了成为顶尖销售员的难度。客户积累是销售成功的根本，在这方面，与老销售员相比，新人毫无优势。要想迅速拓展客户资源，我必须付出几倍于其他销售员的努力，这并不是一件容易的事。

那该怎么办呢？我有一个妙招，就是向第一名学习。我跑去向当时的顶尖销售员请教，问他一天要拜访多少客户，用什么方式，成为顶尖销售员有什么秘诀，比第二名强在哪里……阿里巴巴有非常好的分享文化，虽然我们之间从本质上来说是互相竞争的，但历届顶尖销售员总是耐心地回答我的问题，无私地分享自己的销售秘诀，帮助我快速地成长起来。

多次取经之后，我意识到，要想在最短的时间内积累更多的客户资源，提高拜访量是关键。那时我被分到了宁波，我迅速把整个宁波的写字楼都"扫"了一遍。每到一栋写字楼，我就从上往下一家一家公司敲门横扫，直到楼里所有的公司都下班。"扫楼"很考验体力和精力，但那时的我仿佛不知道疲倦，从清晨到华灯初上，一天十几个小时奔波不停，但只要睡上一觉，第二天就能继续精神抖擞地投入到新一轮"扫楼"的战斗中，用汗水"磕"下每一个客户。

兵贵神速是《孙子兵法》中的重要军事思想，这一点对于销售员拓展客户也同样适用，时间就是战斗力。正是因为抢时间、敢拼命，第一个星期我就签下了 5 单。入职第一个月，我做到了合同额全国第一名。后来，在阿里巴巴，我一直以"快"闻名，马云曾说我就像古龙武侠小说里西门吹雪的剑一样快，并因此送我"西门吹雪"的花名，但我不太喜欢，因为西门吹雪太"冷"了，便没有接受。

他正是从那一时期开始注意到我的。一次开会时，他对我说，如果我能连续 7 个月拿下金牌销售，就请我吃饭，地点任我选。在当时的阿里巴巴，能达到最高提成点的就是金牌销售，而成为金牌销售是非常难的。我记得内网上每个月只有 3 ～ 5 个人能做到，连续几个月都能做到的基本没有，这个赌约的难度之大可想而知。但我最终真的做到了，从 2002 年 3 月到 10 月，我每个月都是金牌销售。同时，我只用了 9 个月的时间就进入了"百万俱乐部"（阿里巴巴在全公司推出的股权激励计划），还成了在最短的时间内进入"百大"⊖的学员。

在阿里巴巴的销售工作充满激情且回报丰硕，这让我不由得思考起人生的另一种可能。最终，这场以赚学费为最初目的的工作体验引领我走上了一条全新的职业道路。

在加入阿里巴巴后的前 9 个月里，我像一个士兵一样冲锋陷阵，我的目标非常明确，就是做销售员中的"兵王"。但公司却需要更多的"将军"，关明生找到我，希望晋升我为主管。考虑到我的销售工作正做得如火如荼，而且主管的收入较低，我不太想当主管，但公司管理层一再以价值观劝说我，颇有"赶鸭子上架"的意味。就这样，2003 年年初，我成为宁波分公司的主管。

我当主管的第一个月就赶上了"非典"，严峻的疫情之下，恐慌的情绪日

⊖ "百大"全称是"百年大计"，是阿里巴巴针对中供铁军新进销售人员制定的一套培训体系。每期招五六十人，封闭培训一个月。

益蔓延，隔离成了常态。而做销售需要上门拜访来拓展业务，需要面对面与客户打交道，这样才能签单收款。因为疫情的影响，很多人的销售业绩一落千丈。但我仍然带着团队扫客户，跑业务，啃难啃的"骨头"，出不了门就用电话、邮件沟通，想尽一切办法与客户建立联系。那个月，我们团队创造了100多万元的销售业绩，是全国主管团队第一名。从那之后，我们团队一直保持着卓越的业绩，在全国的排名数一数二，甚至连第三名都没得过。

2004年秋天，我被调到苏州当区域经理。这看起来是晋升，实际上却不是一个好差事。因为当时苏州区域的业绩非常差，在全国各个区域中排名倒数第一，上一任经理因此被降级，公司把我调到这里是为了让我当"救火队长"。

到苏州后，整个销售团队的人都把我当成了"救世主"，希望我能带领团队提升销售业绩，扭转在全国排名一直倒数的局面。看着他们期待的眼神，我开始思考问题到底出在哪里。经过一番调研，我发现，根源在于他们对工作没有激情，缺乏"要性"[⊖]。为了激发员工们的内在驱动力，我开发了"扣动心灵扳机"这一课程。这为我以后致力于"传道授业解惑"种下了一颗种子。

经过一年的努力，到2005年年中，苏州区域的面貌已经焕然一新，销售业绩也大幅度提升，排名从原来的垫底一跃成为全国第五。

在这之后，我又到青岛当区域经理，当时阿里巴巴在北方的基础比较薄弱，新区团队要从零组建，员工要从零培养，市场要从零开拓，客户要从零积累，口碑要从零打造……一切都非常艰难。但就是在这样艰难的情况下，我们不仅做强了青岛区域，还不断开疆拓土，又拓展出北京、天津、石家庄、沈阳、大连等新区域，不断扩大阿里巴巴在北方的商业版图。

我与苗朝辉也是在这一时期一起战斗的。我刚到青岛时，上一任区域经理就告诉我说"我们这里有个女主管很爱哭"，这是苗朝辉留给我的第一印象。

⊖　"要性"是阿里巴巴内部经常使用的一个词，指对目标、成功等的欲望和渴求，阿里巴巴非常重视这一品质。

所以，第一次见面时，我特意强调，眼泪对我没用。但在后来的工作过程中，我渐渐发现，这个女孩子看起来柔弱，其实很要强，能吃苦，而且执行力很强。在青岛区域的拓展过程中，苗朝辉发挥了很大的作用。

2007年年初，我被晋升为北方大区（后改为山东大区）经理。在阿里巴巴，大区经理又被称为"省长"，当时全国一共有7个大区。成为"省长"后，我在成长为"将军"的道路上又前进了一步。我领悟到，善于用兵、指挥有方，是一个领导者必备的能力。当时，我手下只有46个"兵"，但因为善于选人、用人，只靠这为数不多的兵力就完成了整个北方大区的裂变。而且，在当时的7个大区里，北方大区是唯一一个每年业绩增长100%的大区。

从2003年年初当上主管到2007年当上"省长"，从一个人在最前线冲锋陷阵到带领着一群人南征北战，攻克一个又一个市场高地，我的钢筋铁骨就这样淬炼出来了，我的认知、格局、战略眼光也在这一时期不断深化、提升。后来我看《亮剑》，看到李云龙带领着他的部队在炮火纷飞中、在血与火的洗礼中拼搏厮杀，我感同身受。狭路相逢勇者亮剑、铁汉热血百战沙场，让我无数次回忆起过去那段激情燃烧的岁月。

但我在"省长"这一职位上也没有待多长时间，2009年年初，公司又对我有了新的任命——到国内事业部做渠道总监。当时，阿里巴巴的渠道做得不太好，公司高层对于是否保留渠道体系存在多种声音，有人想把渠道撤掉，有人则认为渠道是一个生态，应坚持将其保留下来。为了把渠道做好，高层开始物色合适的人选，最终锁定了我和王刚。

这或许是因为在当时的几个"省长"中，我和王刚比较特立独行，有自己的风格和特点。王刚时常有神来之笔，金点子多，而我善于创新，建立了自己的一套系统。在当时的阿里巴巴，大家的共识是能出奇制胜的人才能带领渠道走出困局。其实，从兵法理论来看，"奇"体现了军事谋略艺术的创新变化，也体现了战争指挥者的主动性和创造性，正如孙子所说："凡战者，以正合，以奇胜。故善出奇者，无穷如天地，不竭如江河。"或许正是由于这个原因，最终我被选来带渠道。

我没有辜负大家的期望。我上任不到一年，渠道体系就开始好转。两年后，渠道体系有 80% 多的企业实现了盈利和保本，亏损户只剩下不到 20%。

做渠道的那几年，让我真正实现了从"士兵"到"将军"的根本转变，我开始形成自己的管理思维。做渠道和以前在中供做直销完全不同，渠道思维的本质是，我们不一定要比别人牛，真正的牛是让牛人帮自己创造价值，借助他人的力量成事。我不再像以前那样只会单维度地思考和执行，而是养成了独立观察和思辨的能力，我的能力体系、思想观念以及行为方式都发生了系统性变化。

我在阿里巴巴工作了 12 年，这 12 年我亲历了它从近 200 名员工扩张到几万人的整个过程，更见证了阿里巴巴的崛起与发展。在我的内心深处，在阿里巴巴的这段日子一直有一个特殊的印记，我想我不管走到哪里，身上都会有"阿里味儿"。

危局中力挽狂澜

2013 年，在分类信息市场上，赶集网在与 58 同城进行了长达近十年的殊死搏斗后已经落入下风，58 同城的姚劲波甚至认为它已经不具备威胁性了。为了破局，今日资本的徐新向老杨（赶集网 CEO 杨浩涌）力荐了我。

那时我已经是阿里巴巴 B2B 事业群渠道部总经理，管理着 15 000 多人，在我的经营下，阿里巴巴的渠道体系不但起死回生，而且不断壮大，还实现了从销售向服务的转型。当时经常有公司向我抛来橄榄枝，想把我挖走，但因为对阿里巴巴有很深的感情，所以一开始我没有动心，全都拒绝了。不过，在与这些公司接触的过程中，我发现，外面的世界也挺有趣的。这时，我开始思考新的赛道，本地生活服务业进入了我的视线。

其实，早在淘宝推出 O2O 本地生活服务品牌口碑网时，我就发现外卖是一个广阔的市场，如果能占领这个市场，一定大有可为。可惜的是，当时的口碑网并没有认识到这一点，这才让美团有了生存空间。当时我认为，阿里巴巴是在"空中"的，目标客户群体相对比较"高端"，未来要想获得更大的发展，一定要向两个方向发展：深入到农村，扎根到城市社区。简而言之，就是要接地气。本地生活服务业蕴藏着巨大的机遇，未来一定会崛起一个巨头公司。

不过，尽管我对这一领域有很大的兴趣，但对离开阿里巴巴加入一个新公司仍有很多顾虑。在事业方面，当时阿里巴巴正筹划上市，在这时离开会让我遭受巨大的损失。在生活方面，我的小孩刚刚出生没多久，在这种情况下到北京工作也不是一个合适的选择。

但老杨和徐新最终还是打动了我。

媒体在讲到老杨是如何挖我时经常会用"三顾茅庐"来形容，这其实有些夸大其词。但老杨的确非常用心，有一次他到我家拜访，特意给我的小孩带来了他千里迢迢从美国背回的玩具。和老杨第一次见面，我就觉得他是一个很有意思的人。我们不但气味相投，对本地生活服务业的认知也十分一致。第二次见面，我们就成了朋友。

徐新的真诚是促使我做出跳槽决定的重要因素。我还记得，我们见面那天杭州下着倾盆大雨，当时杭州正在开一个互联网峰会，我以为她是来开会的，没想到她是冒雨专程为我而来的，这让我很感动。我们原本约定聊 15 分钟，但因为聊得太投机，一上午的时间竟然在不知不觉中过去了。我很喜欢徐新的做事风格，有一个细节我到现在还记忆犹新：她边和我聊边认真地做笔记。我当时就想，一个这么严谨的投资人看到的项目一定不会差。

徐新大姐还是一个非常懂人心的人。当时我还有创业的想法，她对我说："你就当帮我一个忙，你直接创业会比较难，这正好可以作为你的历练，让你磨磨手。这一仗打赢了，你以后创业成功的概率一定很高。等你创业的时候，我做你的第一个投资人。"我觉得她说得很有道理，就这样被她说服了。

2014 年 2 月，我开始了北京、杭州两地跑的双城生活。

　　加入赶集网后，我先是将赶集网的组织架构重新梳理了一遍，盘活销售体系。曾担任淘宝网本地生活、聚划算、淘点点全国渠道负责人的祝孝平和阿里巴巴 B2B 部门的原大区总经理王正洪也追随我来到赶集网，成了我的得力干将，分别负责赶集网的渠道和直销，为我在赶集网的改革提供了很大的助力。然后，我以渠道为主，找代理，给销售团队定目标，明明白白地告诉他们该往哪里走、怎么走。这一系列动作把员工的斗志和创业热情彻底激发了出来，当时赶集网的办公楼经常到晚上 11 点还灯火通明，甚至有员工加班到凌晨 2 点。

　　为了更大限度地激发员工的潜能，我又提出了全员持股的方案。这个方案的实施需要得力的执行者，于是我把苗朝辉拉来赶集网做人力资源总监，让她负责销售团队的整体人力资源工作。当时赶集网的培训及人才发展体系、文化体系都是她从零搭建的，她还把阿里巴巴的"政委"机制带到了赶集网，并且一手建立了赶集网销售运营体系的"政委"团队。

　　员工有了内驱力，企业就有了发展的引擎。我当 COO 的第一个月，赶集网的销售额就一下子涨了数倍，而且接下来每个月的销售额都实现了环比增长。2014 年这一年，赶集网的年营收创造了同比近 800% 的增长速度。到 2015 年 2 月，赶集网与 58 同城的销售收入差距已经是微乎其微了。至此，在赶集网和 58 同城的这场大战中，赶集网已经摆脱了被动局面。

　　在这里还有一个小小的插曲。58 同城的掌门人姚劲波对老杨几乎了如指掌，经常预判到他会做什么样的决策，因此，前期 58 同城针对赶集网采取的策略都有很强的抑制性，这导致赶集网一直被 58 同城压着打，很少有赢的时候。而我加入赶集网之后，姚劲波犯了一个致命的错误。他曾经派人到阿里巴巴对我进行深度调研，但是负责调研的人把我的名字弄错了——他们真正调研的人是"陈国华"，而不是"陈国环"，这导致姚劲波对我并不了解。

　　《孙子兵法》讲："知彼知己者，百战不殆；不知彼而知己，一胜一负；不知彼，不知己，每战必殆。"了解敌我双方的情况是在战争中取胜的关键，我知己知彼，而姚劲波知己却不知彼，我就有了"敌明我暗"的优势。因此，我的打法常常出其不意，让他无法接招，甚至陷入我为他挖的陷阱，这才使赶集网有了喘息之机，一步步迎头赶上。

局势扭转后，姚劲波着急了。他频繁地找人递话，给老杨发短信，劝他"别打了"。但赶集网的发展势头正猛，我们打得很爽，当然不甘心就此罢手，所以老杨没有接茬。

而比姚劲波更急的是投资方。有些投资方既投资了赶集网，也投资了58同城，它们积极游说双方合并，希望强强联合，达到"1+1 > 2"的效果。为了促成两家的合并，某家投资方还声称，如果赶集网不同意合并，它会把赶集网的股权卖给58同城。赶集网在与这家投资方签订融资协议时，并未在协议中规定不允许投资方同时投资竞争对手，这个漏洞把老杨逼上了梁山：这样一来，58同城就成了赶集网的股东，既是股东又是竞争对手，这仗还怎么打？

徐新也支持合并，她对老杨说，她希望看到合并，但无论最终的决定是什么，她都站在老杨这边。后来，老杨在接受媒体采访时说："其实徐新才是这场合并的关键人。两家公司都超过十年，量级都在几十亿美元，这使得合并的复杂程度超过了所有人的想象。局中人各有心思。局内有各种博弈。徐新在其中做了大量的沟通，甚至帮助解决了很多问题，平衡了多方的利益，才使得合并可以快速地推进。"〇

经过一年多的拉扯、博弈与权衡，老杨决定鸣金收兵，接受合并。

接下来，就是惊心动魄的最终谈判。

2015年4月13日，在北京三里屯威斯汀酒店的总统套房，我们和58同城团队以及双方的投资人坐在了谈判桌前，进行了一场长达20个小时的车轮战。徐新没有到场，但是也远程参与了整个过程。

到底是分还是合，如何交易，合并之后怎么来进行管理，董事会如何进

〇　艾瑞网. 赶集网 CEO 杨浩涌：百亿美金背后的命运 ［EB/OL］.（2015-05-23）［2023-07-22］. https://www.sohu.com/a/16180867-118197.

行决策……所有的问题都要一一沟通。各方的利益纠缠在一起，人性和情感在这里激烈碰撞，这场谈判让身处其中的每个人都感到精疲力竭，时不时就有人被逼到崩溃，谈判也因此陷入僵局。

当谈到换股比例时，谈判进入最胶着的阶段，交锋变得异常激烈。58同城最早提出的换股比例是3∶7，我们对此很不满意，极为艰苦地谈到了4∶6，经过一番针锋相对的利益博弈，换股比例最终确定为5∶5。

会场内剑拔弩张，会场外也不平静，波澜频起。随着谈判的进行，58同城在纽交所的股价如同坐过山车一样陡升陡降，有时从50多美元一路飙升到100美元，有时又瞬间跌到40多美元，真是刺激连连。

后来，我们开玩笑地说，以后有机会应该把这场激烈的交锋拍成电影，绝对比任何一部商战大片都好看。

赶集网和58同城合并之后，我们都觉得打得不过瘾，还有些不甘心：这场仗如果继续打下去，谁胜谁负还不一定呢！我尤其觉得遗憾的是，我只是对营销体系进行了重塑，还没来得及在整个公司层面进行推动。如果给我足够多的时间，让我在产品体系、技术体系上进行调整，整个公司的面貌一定会有更大的变化，赶集网会变得更有战斗力。但这场没有硝烟的商战终究还是落幕了，遗憾再多，也画上了句号。

在赶集网的这段经历，我算得上是临危受命、力挽狂澜，彻底扭转了赶集网的败局。当初，徐新大姐让我帮她一个忙，这样的结果也算没有辜负她对我的信任。

造就百亿美元独角兽

赶集网和58同城合并之后，在本地生活服务市场上放眼望去已经没有对手了。当时，这一领域的"老三"是百姓网，但它在市场上的存在感很低，很多人或许都没有听说过这个网站。赶集网和58同城合并谈判后，它的创始人急了，想方设法联系老杨和姚劲波，希望他们投资或者收购百姓网，但被拒绝了，因为这已经完全没有意义了。

我想，不管是老杨还是姚劲波，在那一时期都会有"拔剑四顾心茫然"的感觉。

老杨像我一样，对于赶集网和58同城的合并始终有一种意难平的感觉。或许正是因为这种挥之不去的遗憾，他下定决心二次创业，进入他一直看好的二手车领域。

这些年来，我和老杨既是并肩作战的战友，也是互相支持的朋友。他决定创业，我就跟他一起干，就这样我们又一起创立了瓜子二手车。

或许是因为驾轻就熟，瓜子的发展很顺利，只用6个月的时间，就超越了强劲的竞争对手，奠定了行业第一的地位，成长为市值百亿美元的独角兽公司。

不过，我是一个喜欢挑战的人，总是做重复的事，难免让我心生倦意。在和老杨一起把瓜子送上行业第一名的位置后，我觉得我已经完成了在瓜子的使命，就于2016年年底离开了瓜子。当时有很多媒体猜测我离开瓜子的原因，其实没那么复杂，我只想说，山高水长，江湖再见。

传道解惑，为企业赋能

在这几段经历以后，我回到杭州，开始做天使轮和种子轮投资人。在投了几家公司、看了一万多个项目、与上千位创业者交流之后，我发现光投资是不够的，就像鲁迅当年发现行医救不了旧中国。很多机构也劝我："你不能浪费之前的这些经历，不能只做投资，你要把你的智慧贡献给所有企业家。"

于是，前几年，我和苗朝辉老师一起创建了一家公司叫"我们不一样"，开始做CEO教练、战略顾问，为企业做战略梳理、团队运营辅导、组织系统建设辅导、高管团队领导力开发等。陪伴式成长是"我们不一样"与其他咨询机构的不同之处，我们从客户的实际工作场景、实际需求出发，通过工作坊、主题分享、问题探讨等方式对客户进行辅导，与客户共创，对企业核心管理层进行战略、组织、文化、领导力方面的赋能，帮助企业建立和完善战略系统和组织系统，提升其高管团队的系统升级能力。

在洞察商业历史发展轨迹与社会总体发展趋势、融会贯通阿里巴巴的运营方法与多个行业实战经验的基础上，我们还打造了独具特色的增长四极模型，为创业公司的加速成长提供系统指导。

增长四极模型由战略三部曲、商业化路径、运营创新以及组织建设四部分组成。它脱胎于我开发的"扣动心灵扳机""打造高绩效铁军的 9 条军令""战略三步法""运营创新""商业化路径"以及苗老师研发的"组织发展的五项修炼之修炼心法""非常 6+1 体系""铁军打造"等广受创业者与管理者认可的管理课程，是从实践中总结出来又回归到实践中经过验证的理论体系。

在本书中，我们尽可能以平实、精练的语言阐述这一模型涉及的诸多理论，并辅之以丰富、详细的企业实践案例，希望帮助读者更好地理解和应用这一模型，助力企业在竞争激烈的市场中脱颖而出。

我们的初心很简单、很纯粹，就是用我们的经验和思考，用我们多年总结的"道"与"术"为创业者及更多企业赋能，帮助他们更快地成长。

一路走来，这个信念就像一团不灭的火焰，一直在我的心中燃烧。我期待这本书能如我所愿，引领越来越多的中国企业走向辉煌的未来，成就更多的伟大企业。

陈国环

百亿美元实战操盘手、战略和运营实战导师

2023 年 10 月

从报时人到造钟者

　　吉姆·柯林斯和杰里·波勒斯在其经典著作《基业长青》中曾说："伟大公司的创办人通常都是制造时钟的人，而不是报时的人。他们主要致力于建立一个……时钟，而不只是找对时机，用一种高瞻远瞩的产品构想打入市场……他们并非致力于高瞻远瞩领袖的人格特质，而是采取建筑大师的方法，致力于构建高瞻远瞩公司的组织特质……他们最大的创造物是公司本身及其代表的一切。"在中国也有很多致力于"造钟"的企业家，比如华为的任正非、联想的柳传志。而我非常有幸，在阿里巴巴刚刚创建不久就加入，一路见证了它"造钟"的过程。

　　2002 年我刚加入阿里巴巴时，做的是最基层的销售工作，在一套租住的民宅里办公，每天要打上百个电话，还要四处奔波跑业务。那个年代，互联网对很多人来说是新鲜事物，把生意做到线上更是天方夜谭，我们去拜访的很多公司甚至连电脑都没有，我们只能靠一张嘴把阿里巴巴的中国供应商业务推销给这些公司的老板，难度如同把梳子卖给和尚。当时经常出现一些令人啼笑皆非的场景，比如，我们打电话给客户说"我是阿里巴巴公司的"，客户问"你们是卖羊肉串的吗?";我们问客户有没有上网设备时,客户说他们不靠海,不用网捕鱼。

在创立初期,阿里巴巴采用的销售模式是难度最大的直销模式,靠销售人员的陌生拜访接触客户,获取订单,在电子商务还没有普及的情况下,拿下订单的难度可想而知。我已经记不清那时吃了多少闭门羹,遭到了多少冷眼和拒绝,更记不清有过多少个独自痛哭的夜晚,唯一记得的是,每次痛哭之后,我都会擦干眼泪,第二天凭着心中的一股劲儿继续拼。就这样,我从销售做到了区域经理。那些年,我一直冲锋在销售最前线,和战友们一起开拓一个又一个市场。

为什么在这么艰苦的条件下,阿里巴巴的销售团队依然能取得一个又一个胜利,无数次缔造业绩神话?是因为阿里巴巴的创始人用造钟人的视角,从一开始就给阿里巴巴注入了能使其成为百年企业的底层基因,并且通过组织能力建设不断强化这支队伍,使其成为无坚不摧的铁军。

2009 年,出于家庭和身体的原因,我转任阿里巴巴"政委"。这份新工作为我打开了一片新天地,让我走上了组织设计与建设的实践和探索之路,并从此乐此不疲,不断地向着更广、更深的方向前进。

阿里巴巴的"政委"体系和华为的 HRBP 体系一样,是业界的标杆,是许多企业学习的对象。我做咨询的这段时间,接触了很多想引进"政委"体系的企业。对很多人来说,这套体系有几分神秘的色彩,其实,它并不像人们想象的那么复杂。

阿里巴巴的"政委"们不只是人力资源专家,更承担着公司文化传承、人才发展等重要的管理任务,是公司和区域员工之间重要的沟通桥梁。我当"政委"时,不仅要频繁地与员工沟通,了解他们的生活情况、工作状态,帮他们排忧解难,还要向员工传播公司的文化、使命、战略、价值观,让他们更有"阿里味儿"。更重要的是,还要精通业务,了解自己所处的团队需要什么样的人才,做好团队的组织建设,为组织发展提供源源不断的人才资源,并激发团队中所有人的工作热情。

在阿里巴巴，我当了 5 年"政委"，到 2014 年离开时，我已经从一个对组织建设不太了解的菜鸟成长为组织发展专家。

离开阿里巴巴后，受陈国环老师的邀请，我加入赶集网做人力资源总监，我的职业生涯进入新的篇章。刚刚加入赶集网的时候，我的心理落差特别大。因为当时赶集网人力资源团队的运营能力很弱，连最基础的人员招聘都跟不上业务的需求，更没有组织系统的概念。这让我意识到，阿里巴巴的成功得益于能打敢拼的团队，而团队之所以能打敢拼，是因为公司在组织和人才发展方面投入了巨大的精力和资源。

我加入赶集网时，它的直销团队只有 700 人，短短 8 个月的时间，团队规模就扩张了近一倍，同时，渠道团队还快速拓展了近 6000 人的合作伙伴。随着业务的发展、人员的扩张，团队的工作激情、管理者能力和文化建设方面都出现了很大的问题。不过，因为有阿里巴巴业务和"政委"模块的双重历练，再加上陈国环老师的支持，我很快就搭建起了 HRBP 团队，并且和业务团队一起构建了以员工能力提升为核心的"业务 – 招聘 – 培训"的管理铁三角体系以及人才发展体系，重构了绩效和激励体系，打造了狼性的运营团队文化，为业务方面打胜仗提供了扎扎实实的组织能力支持。

2018 年，我和陈国环老师一起走上了创业之路，开始为众多创业公司和发展期的企业做战略和组织层面的辅导和赋能。

在这个过程中，我发现，大部分企业的一把手和高管将主要精力集中在如何更好地拿业务结果上。我们参加过很多客户企业的月度会议，其中绝大部分都将内容集中在目标制定、业务分析和业务复盘上。在会议上，大家会重点讨论业务落地过程中顺利和不顺利的部分，营收、利润、转化率、ROI 等是经常被提到的词。大家普遍有一种假设——如果企业设计好了业务实现的方法，按照业务流程去执行，结果就会自然而然地产生。但是，理想很丰满，现实很骨感。当目标和现实呈现出巨大的差距时，一把手和高管们才发现人才能力跟不上、团队工作没激情、员工难招又难管、跨部门协作有困难等问题，而在解决这些团队问题时，因为缺失系统性的组织视角，CEO 和业务高管们又会陷入"头疼医头，脚痛医脚"的陷阱，长期充当"救火队长"的角色。我们看到很多创业者和高管非常积极地学习管理课程，提升管理能力，然而学来学去却发现问题还是重复出现，这正是因为缺少对组织的系统性思考。

其实，企业中所有的业务问题、团队问题，无论是战略方面的也好，商业模式方面的也罢，从本质上来说都要靠人来解决，而把人组织在一起实现业务目标就是组织系统的价值。只有把组织建设好了，让组织中的每个人都发挥自己的价值，才能形成良性、健康的发展模式，才能迸发出一种强大的、系统性的力量，推动企业不断进化和创新。

为了解决这一难题，在实践的基础上，我不断思考，不断透过现象触摸本质，最终总结出了一套组织建设的方法论，并将其系统化、条理化，形成了自己的工作方法，我将其称为"非常 6+1 体系"。这套体系适用于各种类型的企业，尤其适用于处于快速发展期的中小企业。

我真诚地希望，创业者与企业家们能充分认识到组织建设的重要性，并应用非常 6+1 体系不断提升企业的组织能力——这正是很多卓越企业家的成功之道。正如任正非所说："一个人不管如何努力，永远也赶不上时代的步伐，更何况是知识爆炸的时代。只有组织起数十人、数百人、数千人一同奋斗，你站在这上面，才摸得到时代的脚。我转而去创建华为时，不再是自己去做专家，而是做组织者……如果不能民主地善待团体，充分发挥各路英雄的作用，我将一事无成。"⊖

苗朝辉

独角兽企业 CEO 的人力资源教练、组织发展实战专家

2023 年 10 月

⊖　任正非. 任正非内部信：人感知到自己的渺小，行为才开始伟大［EB/OL］.（2019-07-12）［2023-10-22］. https://m.thepaper.cn/baijiahao_3901763.

在多年经营企业以及赋能与陪伴诸多企业成长的过程中，我们深深地感受到：增长是一家企业生存与发展的根基，是企业永恒的主题。然而，增长失速却又是当今企业面临的最棘手、最紧迫的难题之一，不仅对初创企业来说如此，对任何规模、任何行业的企业来说都是如此。

尤其是在当下这个动荡不安、不确定性倍增的时代，企业增长越来越艰难。在这个时代，思想活跃、充满个性、追求自我价值的"90后""00后"的崛起使人才的跨行业流动越来越频繁，数字化技术的深入发展使信息传播效率大幅度提升，市场配置资源的效率日益提高，而智能化浪潮的到来又打破了行业壁垒，使行业之间的边界越来越模糊，跨领域的竞争成为一种常态。过去，企业在制定竞争战略时需要对竞争对手进行深入研究，然而，今天的企业连谁是自己的竞争者都已经无法确认了，因为谁都有可能成为企业乃至整个行业的颠覆者。

在这种复杂多变的商业环境下，企业该如何做增长，如何打破"增长停滞"这一魔咒呢？对于这个问题，几乎每个管理者心中都有自己的答案。有人以创新为企业发展的引擎，在同质化竞争的"红海"中杀出重围，使一众竞争对手望尘莫及；有人以精益管理锤炼度过至暗时刻的关键能力，从而跨越周期，突破企业的瓶颈，迎来新一轮迅猛增长；有人以数字化为锚，优化业务流程，提升全链路运营效率，从而实现降本增效，重获增长空间……在这本书中，我们也给出了自己的答案——增长四极模型。

企业的可持续增长不仅是一个美好的愿景，更是一个系统工程。然而，很多管理者在经营的过程中，只考虑到了某一个点或者某几个点，缺乏系统性思维模式，导致企业未能形成真正的增长系统，逐渐失去了增长的动力。在为企业做咨询顾问的这些年里，我们看到很多优秀的企业因此而陷入发展瓶颈，甚是可惜。而增长四极模型先以"战略三部曲"定战略，引导企业做出正确的战略选择与决策后，又通过"商业化路径"模块帮助企业设计高效可行的商业化路径，支撑战略目标的达成；在战略执行的过程中，还通过"运营创新"为企业匹配了更有利于发展的运营模型，以达到极致的资金使用效率；"组织建设"模块则引导企业利用"非常6+1"体系做好组织设计，从而最大化地提高组织效率。四大能力模块环环相扣，形成闭环，有章法、有路径地推进战略落地，使企业少走弯路，保持高速发展，甚至不断开辟第二生命曲线，源源不断地获得发展动力。

在本书的第1部分，我们讲述了不确定时代影响企业增长的5个变量——政治、经济、技术革命、人口以及环境，旨在帮助读者认识到企业家的认知是决定企业发展边界的根本因素，要想找到企业的生存空间，在变局中开新局，带领企业走向全新的未来，就要洞察时代变化的趋势以及深层逻辑，以全新的思维方式来理解企业增长，并以增长四极模型构建企业增长系统。

第2部分以战略为主题。一家企业的成功首先是战略的成功，战略之于企业，是指路明灯，更是作战方案。企业能走多远，在很大程度上取决于领导者能否做出正确的战略选择，能否制定引领企业发展方向并真正落地的战略。而战略三部曲就能帮助企业有效地制定和执行战略，通过选择、聚焦、击穿三个步骤，企业能先出局看局，后入局布局，最终搅动资源，走上倍速增长之路。

第 3 部分则阐述了商业化路径的重要性。战略目标的实现需要企业构建一条合理而高效的商业化路径，而好的商业化路径应该是基于企业独特的优势和资源，在满足客户需求的同时为企业实现盈利的策略体系。在这一部分，我们提供了 5 条切实可行的商业化新路径，企业从这 5 个方向展开思考就能找到增长的突破点。

第 4 部分的重点在于，要给战略匹配新的运营模型，做好运营创新。运营创新能让企业的资金创造最大的效率，这就要求企业遵循用户导向、以终为始、看业务属性和标准化程度、做好竞争态势分析这四大原则来进行运营创新，根据企业当前的实际情况确定合适的运营模型，并紧跟时代变化，进行运营模型的迭代与进化。

在第 5 部分，我们将引导读者认识到做好组织建设、以组织系统的确定性应对商业世界的不确定性的重要性。为此，我们分享了一个卓有成效的工具——非常 6+1 体系，这个工具能帮助读者科学、系统地进行组织建设，将组织打造成能帮助企业穿越周期、走向未来的韧性组织。

本书的内容分工及内容来源如下：第 1 部分由陈国环与苗朝辉共同撰写；第 2 部分、第 3 部分、第 4 部分脱胎于陈国环开发的"扣动心灵扳机""打造高绩效铁军的 9 条军令""战略三步法""运营创新""商业化路径"等经典管理课程，由陈国环执笔；第 5 部分由苗朝辉撰写，其理论与实践源自苗朝辉研发的"组织发展的五项修炼之修炼心法""非常 6+1 体系""铁军打造"等管理课程。

本书讲述了一套遵循企业经营规律、从管理实践中来又回到管理实践中去的管理方法论，如果管理者能按照本书介绍的方法一步步操作，把每个环节都夯实，就能构建起企业的增长系统，实现破圈增长与裂变式发展，让企业拥有无限可能。

CONTENTS 目录

第1部分　不变革，就被变革

第 2 部分　战略三部曲

第 3 部分　商业化路径

1

不变革，就被变革

第 1 章

在不确定时代，破圈才是增长新逻辑

1.1 企业家的认知决定了企业的发展边界

在经营企业与赋能企业成长的过程中，我发现，**企业家的认知是决定企业发展边界的根本因素**。一家企业的领导者通过习惯性思维模式、行为模式及情绪模式构建的认知，决定了他看问题的角度，决定了他做人做事的格局，进而决定了企业能走多远。

一个创业者找我去辅导他的公司，这家公司做得非常不错，刚融了 1.2 亿元，现在处于 A+ 轮融资阶段。这位创业者一见面就问我："陈总，怎么建一支很强的地推铁军呀？"

我一听这话就懵了。我问他公司现在处于什么样的状态，他说现在公司有 200 人，目前有 4 家投资方要推动他往前走，希望他在一年内拿下全国市场，因此建一支强悍的地推铁军成了当务之急。

我又问他："建这个铁军以后到底要干吗？"他回答说："建完以后就把市场拿下！"我接着问："拿下后这些人干吗？"他摇摇头，说没想过这个问题。

我告诉他："拿下全国市场后，你只有两条路，要么裁员，要么养人。要占领全国市场，至少需要 400 个地推人员。而一个公司突然从 200 人增加至 600 人，需要付出极大的成本。做任何事之前，我们都要搞清楚我们这么做的最终目的是什么。"

后来，我给了他一个建议：不需要建地推铁军，而是换一种更高效而且成本更低的打法。对他的公司来说，最重要的并不是开拓新客户和占领市场，而是后期客户的持续深度挖掘和大数据运营。所以，与其花大气力组建一支庞大的地推队伍，不如将这件事交由第三方渠道商来做，这样，他的公司只需配备 22 个人，就足以在一年的时间里占领全国 60% 的市场份额。让 22 个人完成原本应该由 400 个人完成的目标绩效，这才是最高效的。

这个创业者听从了我的建议，在后来的经营中一直按照这个方案去做，现在已经向着他的目标稳步前进了。

认知改变了，思维模式也随之改变，我们就会对当下的问题与挑战建立起全新的认识，也就站在更高的维度，拥有了更高的视野，能透过表象看清事情的本质，然后从本质出发去寻找根本性的解决方案，创造更多的可能性，从而拥有降维攻击的能力。

在经营管理企业的过程中，企业家需要学习很多功夫，有一些是招式繁多、力道刚猛的外功，能够见招拆招、克敌制胜，而认知能力则是内功，能把力道攒到一处，无招胜有招，练到极致便能无往不胜。

而要想提高认知能力，首先必须打破自身的认知边界，进入更高圈层的世界，这就是"破圈"。

1.2　在不确定时代，影响企业增长的 5 个变量

为什么要破圈？一个非常重要的原因是，我们当下所处的是一个充满不确定性的、复杂动荡的时代，在这个时代，**没有一种商业模式是永远有效的，没有一种竞争力能长久发挥作用**。而未来，这种不确定性还会加剧。

在这样的时代，影响企业增长的主要有 5 个变量。

1. 政治

愈演愈烈的中美博弈、陷入胶着状态的俄乌战争等，暴露了世界各国的冲突与分化分裂，使原本就已出现变化的国际格局加速转变，使世界秩序充满变数。这些政治因素的变化不仅带来了地缘政治风险，加剧了意识形态领域的斗争，更多维地触发了金融、经济、科技、外交等多个领域的变化。在当下波诡云谲的国际局势和复杂的博弈现实之下，不确定性因素日益增多。

2. 经济

近几年，新冠疫情的蔓延将一直稳步发展的人类社会骤然拉入与病毒共舞的时代。疫情的肆虐不仅使人们的生活和生命健康受到威胁，更给全球经济带来了巨大冲击，国际金融环境急剧恶化，逆全球化日益兴起，全球供应链、产业链、价值链遭到重创。2022 年 9 月，世界银行对全球经济衰退发出预警，经济合作与发展组织也称全球经济存在超预期下滑风险。

3. 技术革命

数字化浪潮和新一轮的技术革命也带来了前所未有的挑战。以 5G、云计算、物联网、人工智能、大数据、区块链为代表的数字技术的蓬勃发展，引发了数字化浪潮。这一浪潮对社会经济生活的方方面面都产生了深刻的影

响，从社会到个人，从城市到农村，都被裹挟其中。人类社会由此开启了继农业文明、工业文明之后的新时代——数字文明。

在数字文明新时代，数字化以信息和数据为核心要素，以数字技术的有效使用为重要途径，将数据资源、信息技术与各行各业深度融合，为人类带来了新的生产工具、生产手段，催生了直播经济、平台经济、共享经济等新的商业模式，引发了生产方式、组织管理模式、产业结构的重构升级，促进了生产效率的提升和生产力的飞跃式发展。这些变化在潜移默化中影响着人们的价值观念、社会意识，个人和企业的行为模式与生态都因此被重塑。

4. 人口

中国经济在改革开放后经历了长达 40 年的高速增长，这主要得益于中国的人口结构优势，我们将其称为"人口红利"。劳动力占总人口的比重大，因此劳动力成本低，中国人又相信勤劳致富，有强烈的劳动积极性，所以什么事情只要使用人海战术，总是更容易做起来。

但是时代在变化，中国的人口结构也在变化。第七次全国人口普查的数据显示，全国总人口为 144 350 万人，与 2010 年相比只增加了 7205 万人，增长 5.38%，年平均增长率为 0.53%，比第六次全国人口普查下降 0.04 个百分点。这说明，我国人口在过去 10 年保持低速增长。其中，15～59 岁人口为 89 438 万人，占 63.35%，与 2010 年的比重相比下降 6.79 个百分点，劳动年龄人口在总人口中的占比呈现下降趋势。60 岁及以上人口为 26 402 万人，占 18.70%（其中，65 岁及以上人口为 19 064 万人，占 13.50%），与 2010 年相比上升了 5.44 个百分点，人口老龄化程度进一步加深。与此同时，人口出生率持续下降。国家统计局的数据显示，2020 年中国人口出生率为 8.52‰，2021 年人口出生率为 7.52‰，2022 年人口出生率为 6.77‰，呈现持续下降的趋势。这些数据说明了中国人口结构正在发生转变。

5. 环境

前几年，环境污染问题比较严重。党的十八大以来，围绕深入推进生态文明建设，我国环境污染治理力度持续加大。与此同时，企业的环保成本开始呈上升趋势，尤其是制造业企业，不仅要投入巨额资金改造生产设备，使其符合环保标准，还要淘汰落后产能，以先进的节能、清洁生产工艺替代老旧的高耗能、高污染生产工艺。再加上地缘政治风险、国际不稳定因素的增加，资源变得越来越稀缺，成本也紧跟着上涨。这都为企业带来了巨大的挑战。

变局已至，在不确定、复杂易变的环境下，企业增长也变成了一件不确定的事。面对这种不确定性，我们该如何解决企业可能面临的困境？如何在危机中寻找新的变量，把握机遇？如何找到企业的生存空间，在变局中开新局？如何带领企业走向全新的未来？这是每个人都需要思考的问题。

答案正是破圈升级。

个人要突破认知局限，企业也要不断破界创新，企业家只有跟上时代的步伐，带领企业不断升级，才能使企业获得确定性的增长。正如微软董事长萨提亚·纳德拉所说："每一个人、每一个组织乃至每一个社会，在到达某一个点时，都应点击刷新——重新注入活力、重新激发生命力、重新组织并重新思考自己存在的意义。"[⊖]

1.3　企业的确定性之锚——增长四极模型

管理学大师彼得·德鲁克曾说："动荡时代最大的危险不是动荡本身，而是仍然用过去的逻辑做事。"[⊜]我们所说的"破圈"，就是用新的逻辑来经营

企业。

过去这些年，我们一直致力于辅导和陪伴中小企业的成长，在这个过程中，我们发现，很多企业家一直沿用老一代企业家所惯常使用的粗放经营逻辑，但在如今这个充满不确定性的时代，这些逻辑早已不再奏效。他们之所以这样做，从根本上来说，是因为没有看清楚在今天这样一个时代中国企业所面对的 5 个变量，更没有围绕着这些变量对企业的经营管理进行调整和升级。换言之，他们一直站在原来的圈子里，全然没有意识到圈子之外的世界已经发生了翻天覆地的变化。在这种情况下，他们的企业是不可能持续增长的，甚至有可能陷入停滞，走向绝境。

企业家要想引领企业破圈升级，一定要洞察时代变化的趋势以及深层逻辑，以全新的思维方式来理解企业增长。

那么，不确定时代，企业增长应遵循的新逻辑是什么？我总结了三大核心法则。

客户价值决定企业成败

尽管经济下行压力导致社会的总体需求有所下降，但是刚性需求仍在，国民生活质量提升的需求仍在，只是需求的结构在变化，多样性在增加，这对企业产品和服务的性价比、差异化提出了更高的要求，如果企业能够对用户需求进行深度研究，精准洞察用户需求，为用户提供更多价值，就能将用户流量做大，帮助自身实现破圈发展。

资金效率决定企业生死

在中国创业，一旦某个需求和提供的产品、服务被证实有效，一定会有一大批企业跟进，竞争之激烈用"惨烈"来形容毫不夸张。而投资方这几年却越来越谨慎，越来越看重收益率和确定性，这尤其考验企业对创新研发、商业模式、固定投入、人力资源等一系列要素的极致配比，如果进行换算，归结到一个点上，就是资金使用的极致效率。**资金是企业的"血液"，不断**

提高资金使用的效率，企业才有创新求变的底气。若能以更少的资金获取最大的收益，企业增长也就成了水到渠成的事。

组织能力决定企业上限

企业为客户提供的体验越好，说明其背后的组织体系就越强大。苹果最开始推出的 iPhone 和 iPad 交互设计非常简便易用，连小孩子都能在几分钟内快速上手，而苹果之所以能做到这一点，是因为其整个组织架构都是为对产品的极致追求和创新而生的。任何一个企业，想要破圈升级，都要坚持组织能力的不懈建设和持续升级。从几千万元到上千亿元，企业每上一个台阶，组织都要蜕一层皮，这个过程非常艰辛也非常痛苦，但是不蜕变，企业内在的生命力就不可能得到激发，企业也就无法实现突破。

基于新的逻辑，我们再来理解企业的增长路径，就会发现企业需要从战略、路径、运营与组织建设四个层面寻找增长的新曲线。我们由此总结出了增长四极模型，如图 1-1 所示。

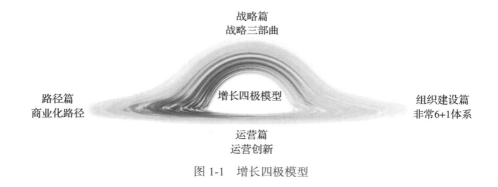

图 1-1　增长四极模型

增长四极模型是引领企业从创立到成长，从成功走向卓越的一个闭环，也是企业的确定性之锚。它包括以下四极。

第一，定战略，做出正确的战略选择并有效执行。

制定正确的战略并有效执行是企业第一重要的事。从阿里巴巴、赶集网到瓜子二手车，战略管理一直是我最重要的工作之一。在融会贯通多家企业的运营方法与多个行业的实战经验的基础上，我总结出了"战略三部曲"，在第一步解决了愿景和目标问题。这一步一定不能走错，如果走错了，公司的性质就会变得完全不同。

第二，有了正确的战略选择以后，商业化路径也很重要。

商业化路径是支撑战略目标完成的关键路径。优化商业化路径，能够让企业由线性增长变为指数级增长。

从一个简单的例子中就能窥见路径选择的重要性。如果我今天要从杭州去北京，应该坐飞机、轮船、高铁，还是自驾？选择什么样的路径很重要。**路径不同，效率不同，资源配置不同，收获也不同。**比如，如果我想欣赏京杭运河沿途的风光，我应该坐轮船走水路到北京，尽管这需要花比较长的时间。如果我想以最快的速度到达北京，我可能会坐飞机，这样效率最高。

路径的选择至关重要，它决定了你成功的时间比同行更长还是更短，决定了你成功的概率更大还是更小。但目前市面上很少有人提到这一点，很多人在做企业管理的时候会跳过这一步，直接进入组织阶段，这样反而会导致欲速不达。

第三，要给战略匹配新的运营模型，做运营创新。

运营是通过调配资源，提高资金的使用效率，从而支撑组织达成自己战略目标的重要手段。但在经营企业时，只做好运营是远远不够的，还要及时创新，及时调整，因为这关系到企业的成败。**在中国，死于运营的企业中，九成是由于运营错配和同质化的运营竞争，其中的根本原因在于缺乏运营创新。**

在赶集网做 COO 的时候，我发现运营模式不对，就放弃了直营体系，走第三方模式，这就是运营创新。**运营创新能让你的资金创造最大的效率，**如果你的企业赚的钱不多，但花一分钱得到的收益相当于人家花一毛钱得到的收益，你胜出的概率仍然很大。

第四，组织效率要达到最高，就要做好组织建设。

做好组织建设，能使企业以组织系统的确定性应对商业世界的不确定性。科学有效地进行组织建设，要根据组织的内在规律有步骤地进行，非常6+1 体系通过战略、流程、组织架构、人才、绩效与激励、文化与领导力 6个常规模块以及数字化这个特殊模块从局部到整体对组织进行系统性的规划与建设，从组织到个体，激发并发挥每个个体的无限潜能，使组织上下为了实现共同目标高效协同，形成强悍的战斗力。

采用增长四极模型，从顶端到底层上下贯通，公司成功的概率会大大提高。在我这么多年实战的公司中，无论是阿里巴巴、赶集网还是瓜子二手车，都是如此，没有失败的案例。一次两次的成功或许是偶然，但三次四次的成功是有内在规律的，在我看来，这个规律就是四极模型这个闭环。

在接下来的章节中，我们将对增长四极模型进行详细阐述，带领大家从战略、路径、运营、组织建设四个层面对企业进行重构升级，实现破圈式增长。

2

第 2 部分

战略三部曲

第 2 章

选择：出局看局，找对方向

2.1 伟大的成功都源于好战略

现在，只要是稍微有点规模的企业都在讲战略，战略似乎无处不在。但究竟什么是战略？对此，很多人的认知还不够清晰。

"战略"最早是一个军事术语，指的是为了在战争中赢得胜利，在综合分析敌我形势和实力强弱的基础上制定的一种全局性的、长远性的谋划和策略，是在资源有限的情况下做出的重大决策与选择。

在中国，对于"战略"的研究历史久远。我认为《易经》中贯穿全篇的"变易"观就揭示了最本质的战略思想：战略就是"不易"之道、"简易"之道、"变易"之道。春秋时期，《孙子兵法》也提出了很多战略理念，如"上兵伐谋，其次伐交，其次伐兵，其下攻城""百战百胜，非善之善者也；不战而屈人之兵，善之善者也""明主虑之，良将修之，非利不动，非得不用，非危不战。主不可以怒而兴师，将不可以愠而致战；合于利而动，不合于利而止"等。

到了现代，战略开始应用于企业管理中，越来越多的人开始认识到战略对企业的重要意义。对战略的定义不胜枚举，全球战略管理专家迈克尔·波特认为："战略就是在竞争中做出取舍，其本质就是要选择'不做哪些事情'。"企业家任正非的理解与波特有异曲同工之处："什么叫战略？'略'是什么意思？'略'是指舍弃一部分东西。你不舍弃一部分东西，不叫略；没有方向，不叫战。"营销战略家杰克·特劳特则认为："战略就是让你的企业和产品与众不同，形成核心竞争力。"在不同时代，对于战略的理解也有所不同，比如我的导师曾鸣教授认为，互联网时代的战略制定与执行，在本质上可以用一句话来解释：制定战略不是要形成一个五年、三年甚至一年的计划，而是要形成视野和行动之间快速有效的反馈闭环，让战略可以自我调整和发展。

明确什么是战略后，我们会发现，战略对企业有着决定性的作用，甚至可以说，**伟大的成功都源于好战略**。这是因为，拥有好战略的企业才懂得什么该做、什么不该做，懂得如何建立自己的核心竞争力，在市场的大浪中存活下来；拥有好战略的企业才能在市场上找到自己的位置，用品牌和高质量的产品占据消费者心智，在行业中获得竞争优势；拥有好战略的企业才能不断地对前进方向进行前瞻性思考，从而将危机消弭于无形，恰到好处地把握住市场机遇，让企业始终走在最前列。

这些年来，我也一直在思考战略。不过，不同于管理学家对战略的理论研究，我对战略的探讨更多是在实战中进行的，我更关注的是制定和执行战略的方法论。

在我看来，定战略要遵循三部曲：**选择、聚焦、击穿**。

以我过往的经验，赶集网、瓜子二手车，包括我辅导过的其他公司，全都是按照这三部曲来做战略的，增速都非常惊人。我辅导的一家公司，在我刚接手时估值是 1 亿元，一年后估值增长到了 30 多亿元，暴涨 30 多倍，月交易额也从 2000 万元飙升到了 7 亿元。

那么，具体怎么做呢？接下来，我就按步骤进行详细讲解。

2.2 战略的第一步是选择，不是取舍

企业制定战略，第一步应该怎么做？"战略就是取舍"是一个普遍流行的观点，很多管理学家和企业家都赞同这一观点。我在阿里巴巴听曾鸣教授讲课时，他也说战略的第一步是取舍。

但是，在操盘了两家公司后，我发现取舍是第二位的，因为很多中小企业根本就没有取舍的机会。比如对一家 200 人规模、年营收 1 亿元、只有一种主营业务的公司来说，有什么可取舍的？如果不做这个业务了，又该做什么业务？取舍是属于像腾讯、百度、阿里巴巴这样的大公司的，只有当业务形态太多时，才必须学会放弃和取舍。**对 95% 以上的中小企业来说，做战略的第一步其实是选择，不是取舍。**

所谓选择，指的不是选择做哪个业务、不做哪个业务，而是是否坚持当下的商业模式，是否将人力、物力与财力聚焦于当下的主营业务。做出了正确的战略选择，企业才有可能走向长远的未来。而很多企业之所以在创业期就倒下了，正是因为在第一步就选错了。我对新经济非常关注，根据我的观察，新经济公司的死亡率很高，比如 ofo、摩拜单车、熊猫直播都倒在了创业期。它们为什么会死？不是因为它们没有钱，实际上，它们获得的投资很多，通常并不缺钱。真正导致它们走向歧途的是，战略选择出现了问题。

2017 年，借着新零售之风，"无人"概念迅速升温，无人货架、自助零售机、无人零售超市等如同雨后春笋般冒了出来，其中，抢占办公室等新型消费场景的无人货架更是出现了爆发式发展，无数巨头、创业者疯狂涌入这一赛道，都想站在风口上，趁机分一杯羹。与此同时，投资方也蜂拥而至，一时间，无数资金投向这些企业。创业邦研究中心曾经进行过统计，仅

2017 年，就出现了 138 家无人零售企业，有 57 家获得了融资，融资总额高达 48.47 亿元。[一]其中最大的一笔融资，是每日优鲜便利购获得的 2 亿美元融资。

随着各路玩家的不断入场，无人零售行业从蓬勃发展迅速进入多方混战状态，竞争越来越激烈。竞争加剧使得野蛮生长的无人零售行业频频出现问题，市场还未来得及做大就面临崩盘。到了 2018 年上半年，行业风云突变，很多无人零售企业都陷入了不同程度的困境——撤柜、裁员、关店甚至资金链断裂。

这些企业中的大部分企业都死于行业竞争。它们的战略是"快速点位大战"，高速扩张。然而，这种盲目扩张却忽视了这个行业最核心的特点同时也是成本控制的关键点——货损率。一些公司的货损率竟然高达 30%，最高甚至达到 40%。而行业的平均毛利率也不过 10% 左右，这样怎么能赚钱？因此，这些企业走向困境是一种必然。

在新赛道上，战略的优劣直接决定了谁能最终胜出。可惜的是，大多数企业都只是为了赚快钱。只有极少数企业一开始就真正思考清楚了自己要怎么做。大多数企业都认为"先活下来最关键"。这话的确没错，但活下来并不意味着知道未来怎么走，很多人都没有思考过这个问题。

2.3　从局外看局，战略选择更清晰

战略选择如此重要，那么，该怎么做战略选择呢？最重要的是要懂得**"出局看局"**。

在做企业的战略选择时，从局外看局，以局外人的眼光去审视，能更加清楚事情的全貌，也更容易把问题看透。所谓"旁观者清，当局者迷"，说

　㊀　林翠萍. 无人零售两年考：从概念风口到零售本质［EB/OL］.（2019-09-13）［2023.06. 22］. https://mp.weixin.qq.com/s/1ViKTp44F_qltfCk1olf3A.

的就是这个道理。

要做到"出局看局",就要把握以终为始的战略思考逻辑。如果我们能站在产业终局的角度回过头来看企业现在的发展,问题就会一下子变得很清晰。就好比如果你希望孩子未来上名校,就需要了解现在要为此储备什么能力。

具体来说,以"出局看局"的心态来做战略选择,只要搞明白三大要素就够了,如表 2-1 所示。

表 2-1 出局看局的三大要素

要素	思考点
行业趋势	● 这个行业属于朝阳行业还是夕阳行业 ● 这个行业的现状和未来增长预期如何 ● 这个行业变化背后的底层逻辑是什么
市场增速 (判断是否属于朝阳行业)	● 看市场每年的增大大小如何 ● 看市场增速的趋势变化如何 ● 看市场增长的周期有多长
市场容量	● 市场容量测算需求总量 ● 需求总量测算营收预期 ● 营收预期测算企业价值

行业趋势

在某些行业,你可以做到小而美,但想把企业做到百亿、千亿美元营收规模却根本不可能。比如广告行业的分众传媒,全国总共有大约 50 万个小区、900 万部电梯,即使在所有小区、所有电梯都投放广告,它也不可能成为营收百亿美元的公司。

而高速增长的行业遍地是黄金,不管是谁进到这个行业,只要把握住恰当的机会,差不多都能做好。如果你还有很强的融资能力,那你的成功概率就更大了。用雷军那句在互联网行业广为流传的话来表达,那就是:"站在风口上,猪都能飞起来。"

这就是行业趋势。**创业者不能在一个即将死亡的夕阳行业中做企业。**

如果你的企业处于夕阳行业，你再怎么努力，也不可能创造出满意的市场业绩。虽然有可能存量市场看着还很大，但在行业走下坡路的时候，企业是很难发展起来的。

一定要选朝阳行业，选发展趋势好的行业。

选择是非常重要的，如果没看明白行业趋势，就贸然跳进去，投入人力、资金，很有可能会"出师未捷身先死"。而看准了行业趋势再图发展，就会"好风凭借力，送我上青云"。阿里巴巴为什么不做义乌小商品，不做英文翻译，甚至英文教育？因为创业团队当时在美国看到西方国家的互联网已经相对比较发达，于是判断未来中国的互联网一定会迅猛发展，这才有了阿里巴巴这个今天的互联网巨头。

所以，**定战略一定要把行业趋势看透，了解清楚行业现状、未来增长预期以及背后的逻辑**，这非常重要。

市场增速

很多人会问：怎么判断企业目前所处的这个行业是夕阳行业还是朝阳行业？看市场增速是一个切实可行的方法。**一直保持高速增长的行业，大概率是朝阳行业。**

王兴当年刚开始做美团外卖的时候，正赶上外卖行业的全面爆发期。市场增速非常高，2012 年在线外卖市场交易规模比 2011 年增长 54.8%，达到 335.5 亿元；2013 年比 2012 年增长 49.8%，达到 502.6 亿元；2014 年比 2013 年增长 71.3%，涨幅一下子突破了 50%，市场交易规模也增长到了 860.8 亿元。[⊖]借着这股东风，美团外卖开始了蓬勃发展，在多家外卖平台中迅速崛起，如今已经成为这一行业的领头羊。

㊀ 网经社.《这十年：2012—2022 中国电子商务发展数据报告》发布［EB/OL］.（2022-10-27）［2022.06.24］. https://www.100ec.cn/index/detail--6619771.html.

值得注意的是，看增速是一个好办法，但是也不能简单地只看增速，还要关注增速的变化。比如，一家企业去年的增长率是 16%，今年的增长率是 13%，从数据上来看，增速似乎还可以，但实际上，这家企业已经开始走下坡路了，这时，你就要思考明年增长率会不会变成 8%。

市场容量

制定战略还要看市场容量，要选择那些市场容量大的行业。

什么是市场容量？简单来说，就是某个品类的市场在一定周期内所能容纳的最大需求总量。市场容量大，说明你的企业在未来能获得更大的发展空间，能达到更大的市场规模。

市场容量决定了你的天花板有多高。在一个容量很大的市场里，哪怕你只占有 5% 的市场份额，也意味着你能获得巨大的收益；而在容量很小的市场里，即使你做到垄断，也没有多少油水。所以雷军说："创业首先要做最肥的市场，选择自己能做得最大的市场，大市场能造就大企业，小池子养不了大鱼，方向如有偏差，只会浪费宝贵的创业资源。"

把这三个问题想清楚，你才会做出正确的战略选择。

选择是一种很强的能力，没能力的人才会"广撒网"，因为最容易的就是不选择，看别人怎么做就跟着做。但如果没有精准化、细化的选择，就会导致企业的战略失去竞争力。

第 3 章

聚焦：入局布局，集中火力

3.1 战略的核心是聚焦

出局是为了看大方向有没有选对，选择一个对的方向后，我们就要入局，开始布局。这时，最重要的就是聚焦，这是定战略的第二步。

前不久，我与一位企业家谈到企业经营的问题。

最初，这位企业家是靠制造和经营家电产品起家的。几年前，在他的苦心经营下，企业的产品在市场上非常火，尤其是在南方，一度占据了很高的市场份额。很多老百姓都认准了这个品牌，不管是买电冰箱还是买空调，首选就是它。因此，他赚了很多钱，企业规模也迅速扩大。

钱赚得差不多了以后，他开始觉得不满足了：家电这一行自己已经做深、做透了，再接着干下去，也没有太大发展空间了。既然现在资金不是问题了，为什么不发展其他行业？多涉足几个行业，把公司经营成规模宏大的商业帝国，不是更好？

在这个念头的驱使下，他开始向其他行业进军。他先是投资了汽车制造行业，然后又涉足能源领域，后来又先后创建了传媒、房地产、运输、软件、保健等领域的三十几个子公司。看着企业的项目在全国遍地开花，他很高兴。

但这种高兴没持续多久，他就手忙脚乱了起来。项目实在太多了，每个项目都需要资金，他办公室里的电话每天响个不停，都是项目负责人向他汇报、诉苦、要钱的。渐渐地，他发现，原本资金充足的企业已经出现入不敷出的情况了，企业的资金链越来越紧张。

到了 2020 年年底，他的企业因为盲目扩张终于进入了最艰难的时刻，一度陷入了亏损的境地，不但新业务难以开拓、举步维艰，就连家电主业也出现了萎缩现象。

我建议他，退出那些他根本不擅长甚至不了解的项目，回归家电行业，把资源投入到主营产业上，专心做好自己的优势。

他接受了我的建议。从此之后，他开始做减法，关掉了企业的大部分项目，着力发展自己的老本行，重整河山，再谋发展。

我相信，不少企业家都有类似的体验。

让我们惋惜的是，不少企业在某个行业获得成功后，就带着辛苦积攒的资源，开始向其他行业进军。这些企业家的初衷是用资源生钱，但最终结果是：在新进入的行业里，他们并不具备经营优势，要想占据市场，赢得利润，非常困难。

更要命的是，企业资源的分散对原来的主业造成了影响，导致企业的竞争优势不断衰退。董明珠曾经说过："很多企业选择走多元化道路，它最大的特点是可以逃避，可以选择。不过，也正因为这点，不断选择而失去了自己专注、擅长领域的领先地位。因此这个时候，当我们得到的时候，实际是在失去。因为这种左顾右盼，就是选择投机的心理、投机的方式来经营一个品牌、企业。"

这样做的最终结果是：四面出击，造成四面楚歌；十面出击，造成十面埋伏。在中国企业中，这样的前车之鉴数不胜数。

所以我才说做战略一定要聚焦。我看到过很多失败的企业，它们很少有饿死的，大部分都是撑死的！被什么撑死的？被自己的贪婪。

李嘉诚就说过："经营企业，'知止'两个字最重要。我从十二岁就开始投身社会，到二十二岁创业时就已经过了十年艰苦的生活……在香港我看过很多人成功得容易，但是掉下去也非常快，是什么原因呢？'知止'是非常重要的。全世界很多企业之所以失败，最少一半都是因为贪婪。"

贪婪是人性固有的弱点。人是有贪欲的动物，很少满足于现状。人性的贪婪在商业上表现得是最直接、最明显的，但有智慧的企业家要拒绝贪婪，要有取舍，要知道自己要的是什么以及应该先要什么、后要什么，懂得把握节奏。

3.2 找到核心点，让它成为"风暴中心"

聚焦基于一个前提：对任何一个企业而言，无论人力、物力还是财力都不可能是无穷无尽的，资源总是有限的。要用有限的资源创造最大的价值，就要将其集中起来使用，把全部资源集中到一个关键点上去寻求突破，这样才能使企业形成真正意义上的竞争优势。

简单来说，聚焦的核心是要找到一个核心点，让它成为"风暴中心"。企业的所有资源都围绕着这个"风暴中心"，力量就会变得强大。

《孙子兵法》讲过一个战略："故形人而我无形，则我专而敌分。我专为一，敌分为十，是以十攻其一也，则我众而敌寡；能以众击寡者，则吾之所与战者，约矣。"这段话的意思是：让敌军暴露在我们面前，而我军始终隐蔽，那么，我军兵力就能集中，敌军兵力就不得不分散。我军集中在一点上，但敌军却分散在十个地方，那我们就可以用十倍的力量来打击敌人，此时就形成了"敌寡我众"的有利局面。如此一来，与我们交战的敌人就受到了限制。

怎么才能找到核心点呢？我们需要问自己三个关键问题，如表 3-1 所示。

表 3-1   入局布局的三个关键问题

关键问题	思考点	以赶集网为例
关键客户在哪里	• 想清楚你的关键客户是谁 • 他们有何共通的特征 • 从哪里可以很快找到他们	• 关键客户是以蓝领为代表的求职者
关键客户的关键痛点在哪里	• 关键客户的关键痛点在哪里 • 关键痛点的重要程度怎么样 • 产品如何快速占领客户心智	• 市面上的白领招聘网站很多（比如前程无忧和智联），但是以蓝领招聘为主的网站不多，且客户体验不够好 • 通过"赶集网，啥都有"到"蓝领找工作，就上赶集"的广告策略变化，快速占领客户心智
关键痛点的关键细节在哪里（大胆假设，小心求证）	• 关键痛点的关键细节在哪里 • 关键细节与其他细节的关系如何 • 做好关键细节能否带来高增长	• 当一个人找到好工作之后，随之而来的是对租房、买房、买车等各种服务的需求 • 实行一系列的策略改变之后，赶集网营收实现了 400% 的环比增长，与对手的差距从 90% 快速减少到 20%，呈逆袭崛起之势

关键客户在哪里

关键客户在哪里是制定战略时需要我们认真思考的一个问题。

企业经营者一定要想清楚谁是自己的关键客户。不知道关键客户是谁，是很多人在定战略时常犯的错误，因为很多人都习惯了从自身出发，很少考虑客户想要的是什么。**但我们经营的是市场，卖的是价值，这两者都是以客户为核心的。**

所以，你一定要想清楚你的关键客户是谁，他们为什么会购买你的产品、服务。

关键客户的关键痛点在哪里

找到关键客户以后，还要看他们的关键痛点在哪里。客户的痛点有很多，但它们的重要程度不同，找到关键客户的关键痛点，你的产品、服务才能进入客户的心智。这是战略思考中最核心的部分。

关键痛点的关键细节在哪里

接下来，你要深入思考关键痛点的关键细节在哪里。你心中的答案一定有很多，此时你要**大胆假设，小心求证**，这样才能找到最为关键的细节，这个细节就是你要聚焦的那个点。

我在赶集网应用的就是这套方法。

2014 年我到赶集网当 COO 时，它账面上剩余的资金已经不多了，只剩 3000 万元人民币，需要马上进行融资，快速地把业务做起来。在这之前，赶集网做了房产、招聘、租房、服务、二手车等 10 多个品类，连广告词都是"啥都有"。我一听这个广告词就觉得很震惊，因为这违反我的战略逻辑。在我看来，"啥都有"就等于"啥都没有"。

我到赶集网做的第一件事就是迭代战略。当时，我们每天晚上都在讨论哪一个环节才是撬动整个平台的核心点：房地产市场很大，当时正发展得如火如荼；服务市场也不错，有很多创业公司逐渐开始做服务；车市挺好，市场需求旺盛；招聘市场好像也可以，猎聘网、中华英才网等好多公司都在做……那么，赶集网的入口到底是什么呢？

经过一轮又一轮的讨论之后，我们最终选择了招聘。因为我想明白了一个逻辑：一个人从学校毕业后，首先要做的事肯定是找工作，有了工作开始赚钱后，才会有钱租房、买房、买车以及享受各种服务。

于是，我们决定把所有的资源集中在招聘上，从品牌端、流量端到运营端、组织的落地端全部围绕着招聘这个核心。后来你会发现，赶集网的广告说的都是招聘，铺天盖地都是"找工作，就上赶集网""蓝领找工作，就上赶集"。

当时，为了聚焦，我们狠心放弃了一个很大的市场——房产，然后把整个 KA（Key Account，即重点客户）团队也砍掉了，这意味着一年两亿元的营收就这样没了。为了这件事情，管理层好几个人都来找过我，我说，你们要相信我的判断，不砍掉的话，整个商业模型都有问题。

战略的改变导致之前花了 10 来亿元、基于全品类战略的广告都白打了。所幸的是，这个战略最后被证明是非常有效的。聚焦之后，赶集网就在用户心智中建立起了"赶集网最核心的业务就是招聘"这一认知，招聘业务的单日流量从 2000 万人次迅速上涨至最高 9700 万人次，赶集网的整体流量也随之暴增，用户黏性和复购率快速提升了好几倍，营收实现了 400% 的环比增长，而竞争对手 58 同城的营收只增长了 70%。这就是聚焦的魅力。

阿里巴巴在创业早期也经历了同样的聚焦过程。

在做 B2B 平台之前，阿里巴巴还做过三个业务，比如帮其他公司建网站等，但最后这些业务都没做起来。后来，阿里巴巴决定聚焦于外贸这个频道，以外贸企业为关键客户。

当时，中国绝大多数企业做的都是内贸，做外贸的企业只有一百多万家，这意味着用户数量很少。但阿里巴巴却认为未来外贸一定会有很大的发展，因此选择把外贸这个频道做好，并且只做出口信息的提供与撮合，交易、外贸流程等其他服务一概不做。

在那个年代，互联网刚刚萌芽，非常不发达，在这种情况下，阿里巴巴只能打造直营体系，组建直销团队，到处去找中国供应商，把好的产品搬到阿里巴巴的网站上去，帮中国企业与国外企业建立信息的连接，中供铁军就是在这个时代背景下产生的。

2002 年 3 月 8 日之前，阿里巴巴只做这一件事，后来才开通面向内贸企业的诚信通。

为什么？因为资源有限、人才有限，钱也有限，要集中在最优势的业务上。

B2B 业务成功以后，阿里巴巴做淘宝也只服务 C 端客户，不面向 B 端客户。而且只做交易，不做信息。做淘宝的时候，阿里巴巴就专心做淘宝，等到淘宝发展起来之后，才把重点转向支付宝。要是做双战略，恐怕阿里巴巴早就死掉了。

我们现在反向去推阿里巴巴的战略，发现它采取的是"履带式战略"，每一节"履带"只做一件事，这节"履带"做好了，下一节"履带"才接上。B2B、淘宝、支付宝、菜鸟、阿里云、智能商业，一节一节"履带"做上来，每一节支撑阿里巴巴发展四五年，阿里巴巴才建立起了如今这个庞大的商业帝国。

像阿里巴巴这样的大企业，都遵循先选择再聚焦的逻辑，更何况是中小企业呢？

集中人力、集中资金、集中时间，将所有资源聚焦在一个点上，是以小博大、持续发展的秘诀。就像挖井一样，最好的方法是选定一个水源比较充足的地方，集中力量挖下去，直到挖到水为止。不停地挖井、一挖不到水就换地方挖的人永远没有水喝。

所以，战略没那么难，也没那么高大上，用大白话说，**战略就是找到那个能让你花最少的钱把公司做成的东西**。

第 4 章

击穿：局中成局，搅动资源

4.1 击穿的力量

聚焦完之后，你要做什么？答案是把局做起来，把所有资源投进去，也就是**局中成局**。这就是战略的第三步——击穿。

怎么才能钻出石油？挖一个直径 1000 米、深 1 米的洞，肯定钻不出来，只有缩小直径，不断地往下钻，才有可能挖到源源不断的石油。这就是击穿的力量。

1986 年，在与哈佛商学院教授西多尔·利维特的一次交谈中，管理学家赫尔曼·西蒙被问到了这样一个问题："德国的经济总量差不多是美国的 1/4，然而，它的出口额却是世界第一，这是为什么？对此，德国的哪些企业做出了巨大的贡献？"这个问题引起了西蒙的关注，他由此开始探寻问题的答案。他先想到的是在德国盛极一时的西门子、戴姆勒 – 奔驰等商业巨头，但是，这些企业很快就被排除了，因为与其他国家的竞争对手相比，这些企业似乎并无特殊优势。于是，他把视线投向了德国的中小企业。

从 1986 年开始，西蒙开始对德国 400 多家优秀的中小企业进行深入研究，并根据他的研究成果提出了一个全新的概念——"隐形冠军"（Hidden Champion）。

他发现，德国经济之所以能够在世界市场上独占鳌头，并且就算是在经济不景气的状况下，也不会受到什么影响，并不是得益于那些在全球颇有名气的大企业，而是由于一群默默无闻、深藏在各个行业中的小企业的支撑。这些名不见经传的小企业，很多在全球市场的占有率超过 50%，这些企业就是所谓的"隐形冠军"。

这些"隐形冠军"制胜的秘诀就是"击穿"——**它们从不在大象跳舞的地方玩耍，只专注于一个狭小的细分市场，几百年只做一个行业，其中的很多企业甚至只生产一种产品**。在它们聚焦的领域，它们专心致志地耕耘了几十年甚至上百年，形成了绝对的竞争优势，占据了很大的市场份额，达到了非常高的利润率。因此，它们活得比很多大企业都要滋润。

因为聚焦，所以专注；因为专注，所以业务可以往深里做；因为业务能深入，所以品质无可比拟；因为品质无可比拟，所以客户忠诚度高；因为客户忠诚度高，所以它们最终成为行业前茅。这就是击穿的底层逻辑。

4.2　战略击穿的三大策略

要做到战略击穿，管理者可以采用三大策略，如表 4-1 所示。

表 4-1　局中成局的三大策略

策略	思考点
找到支点	● 如何充分发挥企业的优势 ● 如何提升资金的使用效率
找到杠杆	● 调组织：如何集中优势兵力到关键业务上 ● 调资金：如何使用资金驱动关键业务高速增长
搅动资源	● 调激励：如何扣动全员的心灵扳机 ● 调机制：如何让内部协作更加高效

1. 找到支点

　　击穿的第一步是找到支点，也就是发力的支撑点。有了支点，才能使战略发挥四两拨千斤的作用。在这一步，企业管理者需要思考的是：如何发挥企业的优势，如何提升资金的使用效率。以这两个问题作为出发点，才能通过思考找到建立支点的抓手，确保战略支点为企业发展提供足够的支撑。

2. 找到杠杆

　　有了支点后，接下来要做的是找到杠杆，从而聚焦核心能力，撬动企业成长。为了找到杠杆，管理者可以从两点入手：一是调组织，集中优势兵力到关键业务上。二是调资金，用资金驱动关键业务高速增长。

　　我把赶集网的业务聚焦到招聘后，就开始为"击穿"寻找杠杆。

　　当时，我做了非常重要的两点。

　　第一，调组织。

　　聚焦做招聘之后，组织也进行了适配，我把房产、服务等部门里最强的人全部调到招聘部门，招聘团队一下子壮大了三四倍。而其他部门只留小部分人维护，只要不死掉就行。

　　第二，调资金。

　　当时我把赶集网的所有资金都投入到招聘中，把房产、服务业务的广告全都停掉了，改打招聘业务的广告。这确实有些冒险，毕竟当时招聘业务的营收只占赶集网总营收的 35%。把其他业务的广告停掉，另外 65% 的营收怎么办？当时只有我和老杨坚持这么做，其他的高管、董事会成员都坚决反对。我理解他们的顾虑和担忧：万一失败了，就全盘皆输！

　　但事实证明这样做是对的，后来招聘业务的业绩翻了四五倍，营收达到总营收的 65%，最高的时候达到 80%，之前的缺口就这样补上了。

　　这听起来很简单，但做起来非常艰难，过程中经历了怎样的煎熬只有我自己知道。现在回想起来，当时真的是每天都如履薄冰、如临深渊，老杨更是连觉都睡不好。为什么？因为是我在操盘，他不懂，所以更加担心。好在皇天不负苦心人，最后得到了很好的结果。

3. 搅动资源

找到了支点和杠杆后，管理者要做的重要一步就是搅动资源，引领企业走上倍速增长之路。在这一步，管理者需要重点关注的两点是，通过调激励扣动全员的心灵扳机，通过调机制让内部协作更加高效，这样才能使企业的优势兵力发挥最大的效用。

绝大多数优秀企业的成长，都经历了这样一个选择、聚焦和击穿的过程。阿里巴巴在 B2B 成为"现金牛"后开始做淘宝，当时，阿里巴巴把最优秀的员工都调到淘宝去，并且用 B2B 业务不断地给淘宝输送资金，集中所有资源铺天盖地打广告，最后才把 eBay 击退。阿里巴巴遵循的也是这样一个逻辑——**找到战略聚焦的核心点后，把它做到"击穿"为止。**

贝壳也是一个非常典型的案例。它的创始人左晖很果断地放弃了做传统房地产，采用平台赋能的新商业模型，把所有资源投进去，用外挂的 KPI 分成把财富跟平台的所有参与者分享，这才有了中国市值最高的房企（巅峰时期，贝壳的市值突破了 900 亿美元）。

把业务击穿的目的在于形成强竞争壁垒，比如让人们在需要网上购物的时候第一时间就想到淘宝，谈到手机聊天时一下子就想到微信。这是企业做大做强的关键。

当然，要做到击穿，有一点不可忽视，那就是运营模型一定要创新，否则，要么很难成功，要么即便是击穿了也代价惨重。关于运营模型的选择与创新，我会在第 4 部分进行详细阐述。

第5章

两个赋能，升级战略

5.1 以变制变，不断升级战略

用好选择、聚焦、击穿这三部曲，已经足以为企业制定一个好战略了。但如果你只会这三招，还远远不够，因为它能让公司活下来，却不能保证公司能活得很好，更不能保证公司能长久地活下去。

为企业定好战略不代表从此以后就能高枕无忧了，要想未来持续赢，你还需要不断升级战略。

这个世界一直在变，企业所面临的内外部环境也一直在变：以数字化和信息为核心的数字经济的蓬勃发展把人类带入了新时代，各种新模式、新业态不断涌现；云计算、物联网、区块链、大数据等新IT技术的深度应用让企业的生产模式、运营模式和管理模式都发生了改变；作为互联网原住民的00后进入职场，他们追求独立和自由，追求个人价值的实现，这给企业的用人方式带来了巨大的挑战……

面对这个变化的世界，如果你不变，你的企业还会有未来吗？所有创业者、企业家都应该认真地思考这个问题。

　　商场如战场，研究军事史上的一些案例，我们会发现，这个问题的答案不言而喻。

　　1990 年的海湾战争是现代战争史上的一场经典战争，它是一场真正意义上的现代化高科技战争，颠覆了人们对战争的认识，深刻影响了全球军事大国的战略部署。这场战争有什么特点呢？

　　1990 年 8 月 2 日凌晨，趁着夜深人静，伊拉克 10 万大军向着科威特席卷而去。这支庞大的部队人人装备精良，在地面以 350 辆坦克开路，空中更有飞机的掩护。而此次进攻的目标科威特只是一个国土面积不到 2 万平方公里的小国，军事实力非常弱，其武装部队只有 2 万多人，而且之前从来没有经历过任何战争。突然而至的伊拉克大军让科威特措手不及，在科威特的土地上，伊拉克军队一路长驱直入，只用了不到 13 个小时，就将科威特王宫攻陷，随后又占领了科威特全境。

　　伊拉克对科威特发起的这场战争，引起了世界各国的高度关注。1991 年 1 月 17 日，多国联合部队向伊拉克首都巴格达发动空袭，海湾战争就此打响。

　　那么，这场战争具体是怎么打的呢？

　　在战争初期，电子战发挥了巨大的作用。多国联合部队对伊拉克的各种通信信号进行了全面的电子干扰，使伊拉克的多数雷达陷入瘫痪。而由多架战斗机组成的机群则不断袭击伊拉克和科威特战区的关键目标，逐渐摧毁了伊拉克的一体化防空系统。多国联合部队又通过前视红外装置定位伊军装甲车辆发射精确制导导弹，使伊拉克坦克瞬间变成了一堆废铁。

　　同时，多国联合部队的海军一直在配合空中作战行动，在精确而高效的打击下，伊拉克精心构筑的防御体系快速瓦解，这时，多国联合部队才派出

地面部队清扫战场。[⊖]

伊拉克侵占科威特采取的是传统战略,在作战指导上始终遵循其旧有的军事思想和战争经验,而多国联合部队攻打伊拉克采用的是现代化战争方式。在全天候立体化作战模式和杀伤力巨大的高科技武器面前,伊拉克虽有先发的地域优势,最终却被打得节节败退。

海湾战争给整个世界都上了一课,很多国家由此认识到,要想打赢新时代的战争,必须借助高科技和数字化的力量,不断升级战略和打法,如果继续固守过去落后的战争理念和作战方式,在未来的战争中只能被动挨打。

战争如此,企业管理也是如此。企业家要想引领企业蓬勃发展,快速成长,**也要不断进行战略升级,要以变制变,在变中取胜**。

那么,怎么才能实现战略升级?我们应该从系统化和数字化两个方面对战略进行赋能。

5.2   系统化赋能

随着万物互联时代的到来,场景化服务的全面普及,以及智能化对人们生活方式、工作方式的彻底改变,我们会发现,很多东西都被颠覆了。商业模式变了,价值链变了,服务方式变了,营销方式变了……我们的企业、我们的行业已经与以前截然不同了。所以我经常说,中国真正的创业才刚刚开始,几乎所有行业都可以重构一遍,要用变革的视角来看行业。

在这样一个时代,我们一定要有系统思维,要用系统为战略赋能。

2014 年,在第一届世界互联网大会上,电子商务领域的两家重量级企业曾经进行过一次精彩的"PK"。

⊖   军事科学院军事历史研究部. 海湾战争全史［M］. 北京:解放军出版社,2000.

京东创始人刘强东在演讲时说："虽然很多人知道阿里巴巴和京东在很多方面存在竞争，但京东和阿里巴巴的模式是不一样的，京东是一家电子商务公司，不仅解决了商业成本和效率的问题，而且让商家和快递员都赚到了钱。"

阿里巴巴很快就做出了回应：阿里巴巴与京东谈不上竞争，因为阿里巴巴不是一家电子商务公司，阿里巴巴不卖商品，不送快递，只是提供了一个平台，让别人能卖商品，能送快递，也帮助商家成了一个电子商务公司。阿里巴巴的目标就是帮助别人创造更多的京东，而且要让这些公司都赚到钱。

阿里巴巴的这种思维方式就是一种系统思维。在我看来，京东与阿里巴巴之间的本质区别就在于此。京东虽然对于京东上的商家来说也是一个平台，然而，京东在产品上以自营为主，在物流上也是自建物流，所以京东相对阿里巴巴来说更像是一个产品，而不是一个平台。而阿里巴巴考虑的不是怎么卖东西，而是打造一个系统。比如阿里巴巴做淘宝，是让所有商家都进驻，让大家都可以在这里把东西卖出去。阿里巴巴做菜鸟，起初也不是想做一个快递公司，而是打造一个所有快递公司都可以使用的快递网络。阿里巴巴做支付宝，也不是做一个金融产品，而是做一个很多金融产品都可以嫁接上去的支付系统。

阿里巴巴一直在做的事，其实是建立一套底层的数字商业操作系统，就像微软的 Windows 系统、苹果的 iOS 系统、Google 的安卓系统一样。这套商业操作系统能使全世界的商业模块化、系统化，用底层数据算法来驱动全球商业的精准匹配。比如如果你要做工程，通过这个系统的算法算一下，就能立即知道哪个地方的工程管理水平最高，哪里的水泥最便宜、质量最好，并且一秒就能知道精确的数据。这就是战略升级。

用系统赋能战略，我们就不能只考虑自己要做什么，而是要考虑大家要做什么，要努力打造一个多方共赢的生态圈，这样才能和更多的人一起创造价值，分享价值。

5.3   数字化赋能

如今，数字经济已经成为全球经济的发展方向，数字化对人类社会生产、生活的各个环节都产生了深刻的影响。我们做企业，一定要顺势而为。在这样的大势之下，企业一定要积极适应数字经济环境，主动创新和变革，把握住这个突破成长瓶颈、实现持续发展甚至裂变增长的契机。如果固守传统模式，置身于数字经济之外，最终很可能被市场无情淘汰。

对企业来说，**数字化是一个必然的选择，不是"需要做"，而是应该"马上做"**。

首先，数字化是所有企业都能靠自身去把握的。不论是万物互联，还是产业互联网的变革，都是巨头的战场，唯有数字化是所有企业自身可以完成的，能帮助企业实现自我蜕变和持续增益。

其次，数字化能激活企业，让企业重新焕发生机。我对很多行业进行过长期观察，发现其中大部分行业都存在需求疲软、产能过剩、竞争过度等问题，传统行业尤为严重。而数字化能够促进企业创新，使企业在管理、产品、业务、服务、营销等多个维度做出改进，从而延长企业生命周期，甚至找到新的发展动能，实现高速增长。

最后，从用户角度来说，所有的用户场景，不管是线上还是线下，现在都在向着统一的方向发展，因为用户是一致的。就像阿里巴巴董事局主席张勇所说："现在已经没有线上线下之分，只有是否数字化之别。3 年多前阿里巴巴提出'新零售'时，很多人认为互联网带来的只是虚拟的商业世界，线下则是传统渠道、传统商业。3 年后，一个高度共识已经形成：我们走在一个共同的商业世界，ONE 商业世界。在这个共同的商业世界，我们服务的是共同的用户。"当线上线下统一，所有的企业都必须转型成为数字化企业，因为这是唯一的生存之道。

现在，越来越多的企业走上了数字化转型之路。比如餐饮连锁品牌海底捞就借力飞书，打开了提效新思路。

　　2022 年，海底捞与飞书在数字化领域展开了深度合作。在飞书的赋能下，海底捞的运营效率得到了巨大的提升。作为餐饮行业的领军品牌，海底捞从菜品到服务都形成了一系列完善、严格的标准，而且，海底捞还会根据顾客的反馈对这些标准不断地进行调整。但海底捞的员工有数十万人之多，使所有人都能在最短的时间里获取新标准对海底捞来说一直是一个很大的难题。而应用飞书后，难题迎刃而解。海底捞将企业的所有服务标准都沉淀在飞书知识库中，当服务标准有所调整时，门店会收到相应的通知，员工们也可以通过飞书在第一时间了解到具体的变化，及时进行贯彻和实施。

　　除此之外，海底捞还利用飞书应用引擎搭建了产品问题提报系统，大大提高了问题处理效率和信息化管理水平。通过这个系统，门店、供应商、物流等各方面的人员都可以在飞书上直接向负责人发起问题提报，负责人可以在最短的时间内处理这些问题，最快甚至可以在 2 小时内完成单个产品问题的处理。而且，处理过程的所有数据都被信息化留存，从而可以更好地追溯和分析问题发生的原因，以便不断改进和优化产品质量和服务水平。

　　在飞书的赋能下，海底捞实现了企业的信息化管理和智能化决策，管理效率和服务质量都获得了很大的提升，市场竞争力进一步提升。〇

　　具体到战略层面，用数字化来为战略赋能是战略升级的一个行之有效的途径。比如，我们可以利用企业的数据资源，对企业价值进行深度挖掘，从而找到新的增长点，并以此为依据来调整企业的战略。再比如，数字化的思维方式能彻底改变我们从工业时代就形成的思维惯性和传统发展模式，让我

　　〇　参见飞书官方网站提供的客户案例《海底捞从"数字"中要效率，为顾客提供优质餐饮服务体验》。

们在制定战略时更加注重变革与创新，为企业构建一个能适应数字经济的发展范式。

战略一定要往系统和数字化这两方面升级。**能用系统解决的问题不要用个人，能用数字化方式解决的问题不要用人力。**人工智能、5G、产业互联网等，都会给未来商业带来颠覆性变化，新式打法会秒杀传统玩法。只有具备这两种未来导向的思维，用更高的效率碾压对手，进行降维打击，你才能先人一步。

3

第 3 部分

商业化路径

第6章

商业化路径关系企业生死

6.1 不可忽视的商业化路径

我们的增长四极模型是一个从战略到组织建设的闭环，在这个模型中，有一个非常重要的环节，就是商业化路径。

企业制定了战略之后，未来要去的方向就十分明晰了，然而，怎么才能到达终点呢？这就需要构建一条合理而高效的商业化路径，确保企业按照正确的方式实现自己的战略目标。回忆我带领企业的整个过程，无论是在赶集网、瓜子二手车，还是在我辅导、投资的其他企业，我都做了一个很重要的动作，就是找到了最适合它们的商业化路径。

商业化路径对企业的长期成功非常重要。只有建立适合自己的商业化路径，企业才可以在竞争激烈的市场中构建长期的竞争优势，持续不断地满足客户需求，提高销售额，实现自身的可持续发展。

那么，商业化路径到底是什么呢？**所谓商业化路径，就是一个企业或组织创造利润或价值，以及提供产品或服务并将其销售给客户的方式。商**

业化路径通常包括公司的营销策略、运营方式、收入来源、成本结构和利润模式等方面的内容，是企业经营管理的重要组成部分。

　　一个好的商业化路径应该是一套基于企业独特的优势和资源，在满足客户需求的同时为企业实现盈利的策略体系。它应该具备以下一些特点。

　　一是有确定、清晰的目标。好的商业化路径应该能够明确企业的长期和短期目标，包括市场份额、盈利水平、客户满意度等指标。企业应该考虑如何在不同的市场环境中实现这些目标。

　　二是有明确的目标客户群体。好的商业化路径应该明确企业的目标客户群体，包括客户的需求、购买决策等方面。在确定目标客户群体后，企业需要提供适当的产品和服务，以满足客户的需求。

　　三是有差异化的价值主张。好的商业化路径应该通过分析市场和客户需求，制定出独特的价值主张。价值主张应该能够突出企业与竞争对手的不同之处，并能够满足目标客户的需求。

　　四是具备适当的渠道分销策略。好的商业化路径应该确定适合企业的渠道分销策略，以确保产品或服务能够传递给目标客户。渠道分销策略可以包括直销、代理商、零售商、在线销售等多种形式。

　　五是有合理的收费模式。好的商业化路径应该有合适的收费模式，以确保产品或服务的价格与市场竞争相适应。收费模式可以包括一次性销售、订阅、广告收入、许可费等多种形式。

　　六是能实现高效的成本控制。好的商业化路径应该寻求有效的成本控制措施，以确保在提供优质产品或服务的同时实现可持续的盈利。企业可以通过降低生产成本、提高效率等措施来实现成本控制。

　　最重要的是，**好的商业化路径应该是持续优化和调整的，以适应市场的变化和客户需求的变化。**企业应该积极倾听客户反馈和市场动态，不断完善自己的产品和服务，提高竞争力。

　　商业化路径关系着企业的商业机会与长期发展。因此，商业化路径是企业成功的关键之一，忽视商业化路径，很可能导致企业面临各种风险和挑战。企业应该充分重视商业化路径，以实现长期的商业成功。

6.2   资金效率决定企业生死

我们已经认识到了商业化路径的重要性，那么该如何制定或选择商业化路径呢？在我看来，评判商业化路径的核心是它能否实现资金效率的最大化。

在第 1 章中我已经讲过，资金使用的极致效率是企业破圈的关键。**资金效率对于企业至关重要，甚至能决定企业生死。**

我对资金效率最大化的追求是在阿里巴巴时形成的。当时，卫哲教给我一个理念，他说："陈国环，你一定要学会没钱也能把事情完成。"我一直把这句话记在心里，后来我成了阿里巴巴的"省长"，在所有"省长"里，我是预算用的最少的。我用 30% 的预算就能完成每年的销售指标，并且业绩增长率排名不是第一就是第二。

很多创业企业之所以会死掉，一个很大的原因是它们的资金效率太低。有些企业经过好几轮融资，融到了很多钱，但还是难以逃脱倒闭的命运，原因在于它们一亿元的投入只创造了一百万元的产出。而那些成功的企业，却能把一百万元花出一亿元的价值。这就是资金效率不同，企业命运不同。

资金效率的高低会直接影响企业的盈利能力、市场竞争力、投资回报率、融资能力。不仅如此，高效的资金使用还能提高企业的生存能力。越是在市场环境不稳定或经济周期波动的情况下，这一点越是重要，因为企业只有保持健康的财务状况，才能渡过难关。

所以，企业需要高度重视资金效率的管理，在制定和选择商业化路径的过程中，也要把资金效率的最大化作为一个关键指标来进行考虑。如果企业的商业化路径能够达到资金效率的最大化，那企业就可以花最少的钱发展壮大。

举个例子。2014 年，我刚加入赶集网的时候，它的年营收只有一两亿元，而它的竞争对手 58 同城在 2013 财年的总营收是 1.457 亿美元，这个差距可谓天壤之别。这给我出了一个大难题，当时我每天都在思考：这个仗应该怎么打？

要在短时间内弥补资金上的差距几乎是不可能的，因为 2013 年 10 月 58 同城刚刚上市，融到了巨额资金，而赶集网即使马上融资并且一切都很顺利，也需要至少五六个月的时间才能完成这个过程。所以，拼资金是一条必死的路，既然如此，摆在我面前的就只有一条路了，那就是最大限度地提高资金效率，花最少的钱创造最大的价值。

在我来之前，赶集网与 58 同城的竞争策略是捉对厮杀：你投入巨资投放广告，我马上跟上；你推出某个频道，我也紧随其后。所以有人说 58 同城和赶集网打的是"烧钱大战"。但我们的资金不如对方充足，这么打下去，最后肯定是死路一条。所以，我做赶集网的 COO 后，就对它的商业化路径进行了调整。

第一，我对直销团队进行了压缩，从 3000 人压缩到 800 人。

第二，我裁掉了 KA 团队。KA 团队是一个非常庞大的团队，它当年的预算是 2 亿元，这极大地占用了赶集网的资金。

把这两个团队压缩、裁撤后，我采用了第三方打法，开始走渠道路线。当时，通过严格的测算，我发现，改成渠道路线后，只需要 43 个人就够了，这样我的人力成本就非常低。而 58 同城的直销团队近万人，要养这么庞大的一支团队，需要多大的资金投入可想而知。

因为资金效率得到了巨大的提升，我的团队战斗力很强，只用了三个月的时间销售业绩就创造了环比增长 400% ～ 600% 的奇迹。

商业化路径是支撑战略目标完成的关键路径，它必须追求资金效率的最大化，因为这样才能提高企业的盈利能力、竞争力和稳定性，为企业的长期发展提供坚实的基础，甚至让线性增长变为指数级增长。

6.3　检视当前路径

接下来，请结合企业的资金效率，检视你的企业当前的商业化路径是否
合理。

首先思考一下，要实现战略目标，你的企业未来最大的三类成本是什
么？每月数额大概需要多少？然后完成资金效率自检表，如表 6-1 所示。

表 6-1　资金效率自检表

表一						
3 年战略目标						
当前每月的营收、用户数量、店面数量等						
战略目标对应的营收、用户数量、店面数量等						
每月营收增长率						
表二						
当前成本类型	类型 a：	类型 b：	类型 c：	账上现金存量		
当前每月的成本				营收中现金占比		
未来成本类型	类型 A：	类型 B：	类型 C：	烧钱率	现金可消耗月份	
未来每月的成本						

完成资金效率自检表后，组织团队核心成员一起讨论以下三组问题：

- 目前企业的资金使用效率能否支撑 3 年战略目标的实现？
- 如果无法支撑，缺口有多少？钱怎么来？钱怎么花？
- 企业当前商业化路径的效率如何？核心问题是什么？未来必须突破的
  地方是什么？

　　这是一个共创的过程，在这个过程中，管理者不能做单方面的决策者和控制者，而是要鼓励下属参与到讨论过程中，认真倾听员工的想法，只有这样才能使答案更趋近于企业的真实情况。

　　找到这三组问题的答案后，相信你对企业当下商业化路径是否合理就会有一个清晰的判断了，对是继续沿用旧路径还是探索新路径也会心中有数了。

第7章

探索商业化新路径

7.1 "幂次方的礼物"模型

如果企业现有的商业化路径不能使资金效率达到最大化，那么，我们就需要探索商业化新路径。

市场环境变幻莫测，顾客需求千变万化，企业要想基业长青就只有一条路可走，那就是在变化中求发展，探索商业化新路径。耐克采用虚拟运营模式，自己只负责设计、营销和品牌控制等核心工作，生产和制造则交由外部公司，由此开创了一个时代；福特公司在诸多制造企业中最先开始采用专业流水线生产，对商业化路径进行了前所未有的创新，为自己带来了源源不断的利润；雅虎率先提出搜索引擎门户网站的概念，随后众多网络公司纷纷学习，带动了全球互联网的发展。商业化新路径上的探索与创新，帮助它们获得了行业领军地位。

追溯商业化路径自身的特点也能发现这种探索的必要性。商业化路径同人类社会一样，也有一定的周期性。回想几十年前，企业还能够通过赠送产品来争取客户，赢得利润，而如今，当顾客早就习惯了打折或买一送一的促销方式时，这种商业化路径也就不能再被称作一种有效的路径了。吉列公司曾经通过对剃须刀和刀片进行捆绑销售的方式赢得了大量客户，在当时看来，这是一种十分前卫的促销方式，而现在就显得有些过时和老套了，这种方式也不能再被称为成功的商业化路径了。

然而，到底如何探索商业化新路径呢？很多管理者由于经验和能力不足，只能无奈地望着这个问题犯难，在辅导企业的过程中，我接触过太多这样的管理者。为了解决这个难题，我研发了一个叫作"幂次方的礼物"的商业化路径设计模型，如图 7-1 所示。之所以叫"幂次方的礼物"，是因为在数学上，幂次方是指将同一个数连乘若干遍，而在商业化上，如果我们能不断地为企业找到商业化新路径，就能使企业获得指数级增长，实现蓬勃发展。

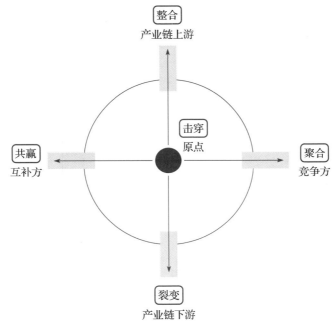

图 7-1 "幂次方的礼物"模型

这个模型的中心是原点，所谓原点，就是企业现有的商业化路径。**我们在探索商业化新路径时，首先要做的是看看原点是否还有可为。**如果你觉得企业现有的商业化路径已经比较有效了，你可以固守原点，但仍要努力把商业化路径的价值发挥到极致，穷尽它的潜力。

如果你已经将原点发挥到极致了，那么，接下来你就要从横向的互补方、竞争方以及纵向的产业链上下游去探索新路径，探索让企业更快发展的方式。

从本质上来说，"幂次方的礼物"提供的是关于商业化路径的不同思考维度。利用这个模型，从原点以及四个延伸方向展开思考，能帮助你找到企业的突破点。

7.2　路径 1：击穿原点

对于企业现有的商业化路径（原点），我们要做的是击穿，也就是实现人效的最大化。这是第一条新路径，如图 7-2 所示。

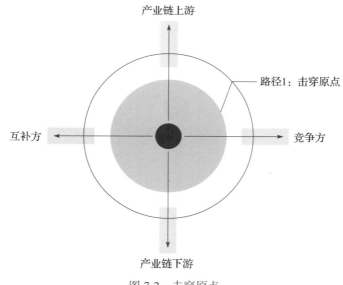

图 7-2　击穿原点

什么是人效？顾名思义，就是人的效能，也称人力资源效能，是指企业员工在工作中所产生的价值和效能以及由此达成的组织效能，企业通常会用指标来评估员工或团队的工作效能和绩效表现。

这里要注意的是，我们说人效是人的"效能"而不是"效率"，这是两个不同的概念。

在组织管理中，效率指的是单位时间完成的工作量，或者说是某一工作所获得的成果与完成这一工作所花时间和人力的比值。而效能是指人们在有目的、有组织的活动中所表现出来的效率和效果，它强调的是目标的实现程度，即完成任务的质量和达成的效果。一个具有高效能的个体或组织，可以在规定的时间内，用尽可能少的资源，达到既定的目标。

彼得·德鲁克在《卓有成效的管理者》一书中说："所谓效率，可以说是'把事情做对'（to do things right）的能力，而不是'做对的事情'（to get the right things done）的能力。"一个人或组织可以高效率地完成任务，但如果任务本身是不正确的，这样的高效率也不能为企业带来积极的作用。比如，管理者总是希望员工鼓足干劲去做某件事，要求大家以最快的速度来完成它，但如果冷静下来认真思考，可能就会发现，这件事对公司没那么重要，甚至有可能会过多地占用公司的资源，导致公司无法把资源投入到那些真正重要的业务上。这种做法虽然看上去达到了高效率，实际上却没有给公司带来什么效能。

由此可见，虽然效率很重要，但**我们不能一味地追求效率，高效能才是真正的目标**。要击穿原点，我们要追求的是人的效能的最大化。

人效可以从多个方面来评估。

一是工作效率。评估员工完成任务的速度和准确性，以及员工是否能够在规定的时间内完成任务。

二是工作成果。评估员工在完成任务时所产生的价值和质量，包括工作的创新性、成果的实用性和对企业利润的贡献等。

三是团队协作。评估员工之间的沟通和协作能力，以及员工是否能够与其他部门或团队合作完成任务。

四是个人发展。评估员工在工作中学习和成长的能力，包括员工是否能够适应新技术和新工作要求，以及是否能够不断提升自己的技能和知识水平。

为了提高人效，企业可以采取多种措施，包括招聘和培训、工作流程优化、资源投入、目标和绩效管理、创造良好的工作环境等。

阿里巴巴提高人效的方式值得很多企业借鉴。

在成立初期，阿里巴巴为中供铁军制定了一个金、银、铜牌制度，这个制度的核心是下个月的提成以当月的销售业绩为基数。它把销售员按照绩效水平分为三个层次，分别是金牌、银牌和铜牌。当月销售业绩 10 万元以上的是金牌，下个月提成 15%；业绩 6 万～ 10 万元的是银牌，下个月提成 12%；业绩 6 万元以下的是铜牌，下个月提成 9%。如果销售员这个月拿到了金牌，下个月他就会更加努力，因为销售业绩越好，基数越大，提成也就越多。如果下个月只做出了 5 万元的业绩，那就白白浪费了 15% 的提成，而且下下个月的提成还会变成 9%。这个制度能激励员工持续提升业绩，鼓励员工不断学习和成长，以提高自身的绩效评级，实现良性循环，同时也保证了薪酬待遇的公正和透明。

我刚加入阿里巴巴的时候，连续几个月都拿到了金牌。当时我干劲很足，一心想继续保持这个成绩，但这时管理层不让我做销售员了，让我去做管理，因为他们觉得我太会赚钱了，我的人效已经达到极致了，我应该发挥更大的价值——带动更多人赚钱。我还记得关明生当时对我说："陈国环，你一个人成功不算成功，这有点不符合阿里巴巴的价值观和文化。我们的核心价值观是'团队'，所以你必须做管理，带动团队去赚更多钱。"

就这样，我被"赶鸭子上架"去带团队了，我当区域经理，当"省长"，团队在我的带动下，人效越来越高，销售业绩越来越好，经常排全国第一。

这里说的是个体效能的提升，人效还包括组织效能，这一部分很少有人提到，但也很重要。

组织效能是指组织在实现目标和使命方面的能力和效率，反映了组织资源的使用效率和组织运营的成果。为了提高组织效能，组织需要不断优化和改进自身的管理和运营模式，注重人才培养和激励，同时关注客户需求和市场变化，保持持续的创新和发展。

在组织效能方面，洛可可的案例值得借鉴。

"员工别超 50 人，超 50 人的公司就得死"，这是设计领域公司坊间流传的"红线"。设计公司的每位设计师都追求极致与个人思想，有着天生的傲骨和任性，如何用好、管好、激发这些"艺术家"，对管理者来说是一个极大的挑战，而且人越多，管理难度越大，正因为如此，这一行大多数企业只有几十名员工。但洛可可不仅达到了千人规模，还连续十几年实现高速增长，在国内做到了行业第一，甚至走在了全球的前列。原因就在于，其创始人贾伟在 16 年间进行了 7 次组织创新，实现了组织效能的最大化，如图 7-3 所示。

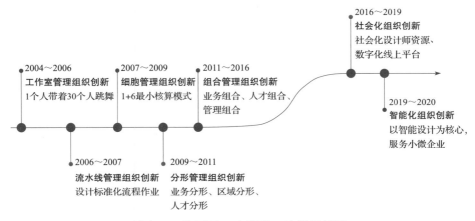

图 7-3　洛可可 16 年间的 7 次组织创新

成立初期的洛可可人数比较少，采取的是工作室管理组织模式，1 个工作室主管加若干助理，助理人数最多的时候有 30 个，这一组织模式使洛可可得以用高性价比切入市场。贾伟什么都管，每天很累，工作室还被外界定义成了作坊，于是他下定决心，走上了变革之路。

2006 年，贾伟将设计工作流水线化，原本由一个设计师完成的工作被切分为几十个环节，每个设计师都只从事流程中的一道工序，通过积分制记工分。标准化让员工越来越专业，让组织越来越系统化。在此期间，洛可可的设计师从 30 人增加到 70 人，公司也开始承接大项目。

但是，这之后不久，贾伟发现，设计流水线模式将设计师"机器化"，设计师感觉不受尊重，而且设计师只在自己负责的流程上专精，在其他流程上的能力都大大退化了，这使设计师沦为生产线上的"工具人"，大大降低了设计师的整体创新能力。于是，变革再次开始。

2007 年，洛可可开始采用细胞管理模式，也就是"1+6"模式——1 个人带几个人，最多带 6 个人。最后，洛可可从一个整体组织裂变出了 250 个细胞团队。这个模式只要分配好利益，就能充分激发每个设计师的能动性。通过这个模式，洛可可内部资源被彻底盘活，每年设计的项目超过 500 个，设计师也从 70 人增至 300 人。

但是，在这个模式下，细胞之间竞争太多，缺少协作，而且细胞团队很容易独立出去自己创业，有些甚至打着洛可可的牌子混淆视听，让洛可可的品牌和信誉受到了极大的影响。

为了应对这一问题，贾伟又一次进行了变革。

2009 年，贾伟给有创业精神的员工准备了一条出路，拿出股份帮助他们创业，让他们在深圳、上海甚至伦敦等区域复制分形组织。通过这种模式，洛可可拓展了区域、专业、业务的边界，进入了很多原来不敢涉足的领域。

分形管理模式让洛可可从一个工业设计公司变成了设计集团，但这很快暴露出了一个紧迫的问题——分形组织缺乏协作，地方保护主义严重，各个区域组织之间很难合作。这导致洛可可的利润迅速下降。

　　每次危机都是新的机会，为了解决这个问题，2011 年贾伟开始鼓励不同事业部之间、不同公司之间进行组合管理创新。这一时期，洛可可开始诞生自有品牌，孵化出了电动车、行李箱、55 度杯等多种产品。

　　2016 年，洛可可已经达到千人规模，并且创造了很高的利润，已成为设计行业的顶级企业。但贾伟并没有满足，受优步、滴滴等共享经济模式的启发，贾伟创办了洛客平台，喊出了"干掉洛可可"的口号，探索社会化组织创新，短短两年的时间就吸引了几万名设计师。

　　2019 年，为了提高企业设计能力和服务效率，贾伟建立水母智能设计平台，进行了智能化组织创新，以人工智能赋能设计，让设计变得更普惠。

　　我们对洛可可 4 次关键性的组织创新进行了总结，如表 7-1 所示。

表 7-1　洛可可 4 次关键性的组织创新

组织创新	痛点	原点洞察	生产要素重组	价值交换
流水线管理组织创新	工作室无法规模化发展 如何更高效、更保质量，还能规模化	洞察职能：将一名设计师需要完成的工作拆分为 43 个环节	工作被切分，各司其职，记工分，标准化作业 专业化给公司带来了原来接不到的项目，团队也突破了 50 人魔咒	员工：让专业的人更专业 洛可可：规模化发展，更专业，更系统，实现营收翻倍
细胞管理组织创新	设计师"机器化"，只在单个流程上专精，在其他流程上的能力均退化，创新能力降低，成为工具人。团队与团队之间相互推诿，不同层级员工出现对立和斗争，出现大面积离职，离职后还找不到工作	洞察团队模式：几人团队更舒服，当团队规模达到 30 人时，领导者就会十分疲劳。构想出 1+6 模式	重构工作模式：采用 1+6 细胞管理，1 个人最多带 6 个人 通过这个模式每年设计的项目超过 500 个	员工：能动性被激发，实现自我价值，有更大的创新和突破空间 洛可可：内部资源被彻底盘活，团队裂变式成长，公司实现规模化增长，创造力被激发，实现营收翻倍
分形管理组织创新	细胞组织太容易分裂，细胞之间竞争太多，缺少协作，细胞团队很容易独立出去自己创业，有些甚至打着洛可可的牌子混淆视听	洞察人的发展欲望：提前给有创业精神的人准备一条出路	把组织内的人、区域、专业、业务分形，哪儿有竞争对手就派去哪儿打仗。提供股份支持，失败了还可以回归洛可可的怀抱	员工：晋升、成长空间被打开，更大的欲望被激活 洛可可：拓宽了区域、专业业务边界，实现更大规模的发展

（续）

组织创新	痛点	原点洞察	生产要素重组	价值交换
组合管理组织创新	分形组织缺乏协作,地方保护主义严重,各个区域组织之间很难合作,导致利润迅速下降	洞察人的发展欲望:挖掘和满足设计师的梦想	鼓励组织内的优秀小组自由组合创新 通过这个模式,公司开始诞生自有品牌,获得了很多大奖	员工:满足设计师的梦想 洛可可:更加多元化,开拓了员工的晋升和成长空间,刺激了组织的创新和能动性

我们可以看到,洛可可通过组织创新不断击穿原点,不断提高组织效能,从而打破了自身的发展天花板,不断取得新的胜利。

回溯洛可可的变革经历,我们会发现,**整合需求就是整合欲望**,洛可可捕捉到了人性的欲望,不断变革管理模式,让组织效能实现了最大化。

企业家或者创业者一定要从个体效能和组织效能两个维度来看企业的人效是不是达到了极致,努力把人效做到最大化,把原点击穿。

7.3　路径 2：整合产业链上游

第二条商业化新路径是向上探索,整合产业链上游,如图 7-4 所示。

整合产业链上游,就是通过与上游企业进行合作,优化产业链中的各个环节,提高产业效率和降低成本。

整合产业链上游,首先要确定并了解产业链上游的企业,包括原材料供应商、零部件制造商、生产设备供应商等。这需要深入了解每个上游企业的优势和劣势,包括其成本、交货时间和产品质量等,最好是建立一个供应商数据库,跟踪它们的业务表现,这样可以更好地评估合作伙伴的潜在风险和价值。

然后与上游企业建立合作关系,这是整合产业链上游的基础。可以通过采购合作、技术合作、资本合作等方式与上游企业合作,共同推进产业发展。还要通过技术合作、培训、资金支持等方式，帮助上游企业提高生产能力和产品质量，确保上游企业的供货能力和供货质量。

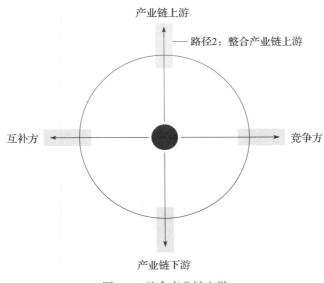

图 7-4　整合产业链上游

在与上游企业建立稳定合作关系后，需要对供应链进行优化。可以通过配置供应链管理系统、物流管理系统等，加强对供应链的掌控。为了保证供应链中产品的质量和供货稳定性，需要实施严格的质量控制和风险管理。可以通过建立供应商评估体系、制定供应商合作规范等方式，规范供应商行为。

整合产业链上游还需要推广产业合作，与其他企业和组织合作，共同推动产业发展。可以通过参加行业协会、组织产业联盟、开展技术交流等方式，加强产业协同作用。

总之，整合产业链上游需要从多个方面入手，通过建立稳定的合作关系、提高上游企业生产能力和产品质量、优化供应链管理、实施质量控制和风险管理等手段，最终实现整个产业链的高效运转和协同发展。

　　我做咨询后辅导的第一家公司就是通过整合产业链上游做大的。这家公司（简称 A 公司）是做汽车轮胎交易的电商平台，汽车轮胎是汽车后市场[⊖]中最大的品类，当时汽车后市场这个赛道有很大的发展潜力，我认为是能出百亿美元公司的赛道。但是，A 公司的商业化路径有一些问题。

　　它的对标目标是汽车后市场排名第一的公司途虎养车。途虎养车是通过开直营店在全国不断拓展业务的，资金消耗非常厉害。而 A 公司作为一家新创立的公司，想要通过常规方式超过途虎养车几乎是不可能的。于是，A 公司的老板找到我，希望我辅导他打造一支像中供铁军一样的销售队伍。

　　我首先帮老板梳理了产业链。我问他："你是经销商，你的上游是谁？"他说是马牌、米其林这些轮胎生产厂商，因为 A 公司是比较大的经销商，所以都是直接从厂商拿货。我接着问："马牌、米其林的上游又是谁？"因为这个行业有一个特点，就是利润特别低，所以我希望梳理出这家公司的利益链，看看利润如何。A 公司的上游是厂商，厂商通常会给经销商返利，所以利润还不错，而轮胎厂商的上游是橡胶园，这个环节又有不菲的利润。最终我判断这个赛道是可以做的，关键在于把更多的利润拿到手。

　　怎么才能拿到更多利润？我发现，如果一家公司销售的汽车轮胎数量足够多，那么就会有厂商找它谈合作，给它丰厚的条件，甚至还会把包销权给它——这是一条很好的路径。

　　接下来要思考的就是如何才能实现这一点。A 公司的老板是某个全国性汽车轮胎协会的会长，这个协会的成员都是一些规模较大的企业，它们一年的轮胎销售额将近 200 亿元。我告诉他，如果你把这些企业的轮胎全都实现线上销售，你的平台是不是很快就能超过途虎养车了？

　　然后，A 公司就与这些企业签订了合作协议。合作协议规定每个成员企业未来 3 年所有的汽车轮胎都必须通过这个电销平台销售，相应地，它们可

　　⊖　汽车后市场是指汽车销售以后，围绕汽车使用过程中的需求产生的各种服务。

以获得未来收益的分成，而且在公司上市后，成员企业的股份按照其所有加盟店的总交易量进行分配。这就激发了这些企业的积极性，它们不仅将自己的轮胎交易实现了全部在线化，还从外部引流，形成了滚动效应。

A 公司所采取的具体策略如表 7-2 所示。

表 7-2　一个汽配行业后来者的逆袭之路

战略目标	对标行业第一，干掉行业第一		
当前路径	我方路径：自投 4 千万元，成立电商公司，建地推和电销团队签门店来服务消费者，月交易额 1 千万元左右，亏损状态		竞争对手路径：D 轮估值 25 亿元，建自营门店，签加盟店，通过电商平台服务消费者，月交易额 2 亿元左右，年交易额 25 亿元左右，亏损状态
痛点	• 跑了两年，月交易额仅 1 千万元，和竞争对手相差甚远 • 如果按现在的路径去干掉竞争对手，算下来还要投入六七亿元，钱很快就会被烧光，还不好融资		
优化路径	**梳理价值网络** • 盘点自身优势和资源：老板做经销商出身，有 12 年经销经验，有七八千家门店，是汽配领域某协会会长 • 梳理产业链和相关利益方：有 120 万家门店、20 万家经销商、19 位历届会长（会长们的门店销售额均为 10 ～ 20 亿元）	**重组生产要素** • 过去：自建组织，开拓门店，服务 C 端，时间慢又烧钱 • 现在：留线上运营团队，联合 19 位历届会长，整合门店资源，帮助其线上打通，从而对上游拥有话语权，更便宜地拿货，并拿到更高的返点和返利，消费者可以更省钱、更便捷地获得服务	**价值交换** • 电商：获得销售额增长和门店提效 • 19 位会长：整合门店和销售额，获得分红，实现收入增长；线上打通，IPO 前一年按线上数据贡献分股份 • 厂商：获得全年销售的核心渠道，提高销售额 • 电商：集采成本降低，获得高返点和返利
新路径成效	1 年实现月交易额 5 亿元，实现赢利，逆袭成功		

我刚开始辅导 A 公司的时候，它每月的交易额大约是 1000 万元；我辅导了一年后，它每月的交易额已经突破了 5 亿元。而且，因为平台的交易额很大，马牌、米其林等知名品牌都主动找到 A 公司，要求在它的平台上进行销售，甚至主动让利。

商业化路径改变了，随时都可以超越对手。这就是整合产业链上游的力量。

7.4 路径 3：裂变产业链下游

从原点往下探索，就是向产业链下游寻求机会，如图 7-5 所示。位于产业链下游的是负责产品或服务分销和最终销售的企业或环节，也是与用户接触最多的企业或环节。我们可以与这些企业进行整合，但这还远远不够，在探索商业化新路径的过程中，我们必须向更深层次挖掘机会——为什么不让你的企业直接面对用户呢？

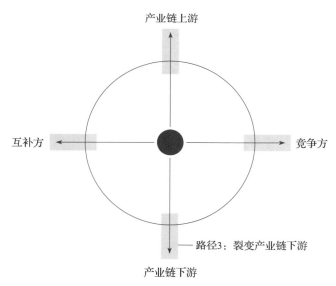

图 7-5 裂变产业链下游

离用户最近的路径就是最优路径，通过用户裂变，能驱动企业跨量级增长。

拼多多的崛起就证明了这一点。2019 年年底，拼多多员工总数为 5828 人，实现 GMV（成交额）10 660 亿元。2012 年时，阿里巴巴的淘宝和天猫两个事业群的员工总数也大约是 6000 人，但 GMV 只有 6630 亿元。在相似的发展阶段，拼多多员工的人效差不多是阿里巴巴的两倍。而且，拼多多商品的单价更低，为了完成同样的 GMV，它需要实现比淘宝、天猫更多的交易量。

如此高效的运营，是如何实现的呢？我们对拼多多的崛起策略进行了总结，如表 7-3 所示。

表 7-3　拼多多的崛起策略

战略目标	对标行业第一，超越行业第一		
痛点	• 如何用和 2012 年的淘宝同样的人力实现淘宝当年 2 倍的收入 • 如何在不增加员工数量的情况下实现 2 倍的人效		
优化路径	**梳理价值网络** 原点 ↓ 自有运营 ↓ 参与拼团的顾客 ↓ 薅羊毛团 ↓ 产业链下游	**重组生产要素** • 内部 KPI 的外部化 • 分解化：平台的营销动作被标准化、分解化、小白化，形成用户可自主执行的拼团动作，从而实现内部 KPI 的外部化 • 游戏化：把拉新、促活等商业行为包装成游戏化行为，以提供社群文化服务的方式刺激用户操作 • 数据化：拼团"铁军"行为和收益之间的因果性可以通过移动端搜集的数据呈现，从而可以针对性地优化用户的 app 操作行为，使其最大化转化为销售结果。效果胜过任何 CRM（Customer Relationship Management，客户关系管理）软件	**价值交换** • 拼工厂：完成拼多多下达的大量的确定性订单，可实现低库存运行，照单完成生产即可，短期带来了现金流，长期获取了确定性 • 拼团用户、薅羊毛团：帮助拼多多实现规模化扩张，用户自身获取商品优惠

很多人会从技术的层面学习拼多多的用户增长方法论，研究它的用户运营工具箱，但是跳出这些"术"的层面，拼多多能用同样的人卖掉更多的货的最深刻的原因在于，它有上亿个不用发工资的"员工"。

诺贝尔经济学奖得主罗纳德·科斯曾在《企业的本质》中一针见血地指

出，市场博弈的价格机制存在运行成本，因此和用户或供应商进行市场交易一定会产生磨损。而企业之所以出现，是因为它可以用内部组织协调代替外部市场协调，从而降低交易成本，获得利润。大部分企业经营都是在精炼内部的运营，更好地节约交易成本，从而能够更好地获利。

但拼多多的方式不同，它打破了"企业—市场""员工—用户"的边界，把先进的管理运营手段运用到一部分的核心用户身上，让用户动起来，替拼多多赚钱。

比如，拼多多最著名的"0 元砍价"模式，需要团长在规定的时间内喊到多个好友进行砍价。实际上，这相当于把团长作为营销传播的节点，对商品进行推销。原本要作为推销员工资和广告开销花出去的预算，就这样通过 0 元砍价的游戏化设计，被分给了一群积极传播的用户。

外人从表面看到的是拼多多在疯狂补贴消费者，但从拼多多的角度来看，它用"补贴 + 廉价货品"的方式就招募了一群不用交社保，不用付裁员金，招之即来挥之即去的营销人员。

在拼多多设置的购物游戏规则下，用户玩得不亦乐乎，日日夜夜地给拼多多创造价值，还有比这种"睡后收入"更爽的事情吗？这种游戏化的购物裂变模式其实和公司内部进行销售分成的 KPI 系统极为相似，但通过移动端的管理方式和精巧的运营设计，拼多多的组织管理能力比绝大多数同行都要先进一个时代。

你眼里的拼多多 app 是个购物平台，但黄峥（拼多多创始人）眼里的拼多多 app 却是一个营销 CRM 的分布式终端，通过算法控制着上亿的"编外销售员"进行大规模营销活动。你觉得自己是在拼多多上薅羊毛，但拼多多其实在微笑地看着你每天在 app 上十分勤快地"打卡上班"。

内部运营外部化，把用户当成企业运营能力的一部分，取代员工要做的很多事情。这就是拼多多成功的秘籍。

在用户裂变的过程中，初始用户邀请新用户，新用户再邀请更多的用户，以此类推。就像滚雪球一样，这种效应可以让用户数量迅速增长，并且在短时间内形成大规模的用户群体。

这种用户裂变效应的本质是社交网络效应，在社交网络中，人们会受到他们所信任的人的影响。如果一位用户邀请了他的朋友或家人使用产品或服务，并且这些人也觉得这个产品或服务很好，他们就有可能邀请更多的人，从而形成一个庞大的用户群体。

因此，用好这个商业化新路径不仅能帮助企业快速获得更多的用户，还能提高用户的忠诚度和转化率。

7.5 路径 4：聚合竞争方

从原点向右探索，是聚合竞争方，这也是一条可行的商业化新路径，如图 7-6 所示。

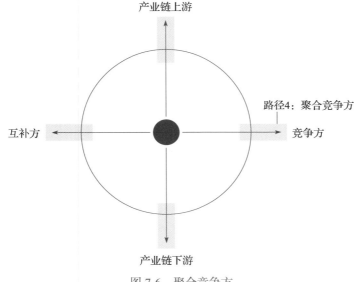

图 7-6　聚合竞争方

很多人认为，竞争对手永远都是竞争对手，甚至痛恨竞争对手，把它们当成企业发展道路上的绊脚石。其实，换个角度来看，正是因为竞争对手的存在，企业才有了不断前进的动力。竞争对手会刺激企业不断创新和进步，推动企业不断地生产更好的产品，提高服务质量和提供更好的客户体验，促使企业寻找新的市场机会和潜在客户，扩大市场份额和影响力，提高企业的竞争力，以便在激烈的市场竞争中取得优势。而且，竞争对手的存在还能促进整个行业的发展，推动技术创新和市场竞争，提高整个行业的竞争力和水平。

面对竞争，我们要打破固有思维的束缚，要认识到竞争对手并不一直都是竞争对手，竞争也不意味着一定要打败对方、超越对方，与其进行"伤敌一千，自损八百"式的消耗性竞争，不如寻找与竞争对手的合作路径，把竞争对手变成合作伙伴。也就是说，**不要把竞争当成零和游戏，你想颠覆谁，就去联合谁**。

美团打车就是一个经典案例，值得很多企业学习。

2017 年年初，美团创始人王兴决定进军打车业务，并对当时网约车领域的龙头企业发动了突袭。美团做出这样的战略决策，既是核心业务内生发展的结果，也有对对外竞争一盘棋的考量。

从自身的角度出发，美团的战略是"餐饮＋平台"，任何围绕"吃"这个行为产生的需求，都可以被美团这个平台承接。数据分析显示，使用美团或大众点评 app 到店就餐的用户中，1/3 都有"打车去吃"或"打车回家"的需求。这就意味着，只要美团对到店就餐的用户进行转化，就不愁自家的打车业务没有流量。更妙的是，一旦打车业务做起来，还可以反过来成为餐饮商家进行营销的流量入口（比如可以采用到店就餐送打车券等营销手段），为美团增加丰厚的广告收入。通过打车业务形成商业闭环对美团来说是一个难以抗拒的诱惑。

而从竞争的角度来看，美团作为新入局者，与网约车领域的龙头企业暂时井水不犯河水，但这不代表双方未来不会产生竞争。2017 年，网约车领域的龙头企业在行业内差不多达到了垄断地位，迅速逼近"头部玩家的诅咒"——如果已经占据了 50% 的市场，就很难获得 2 倍以上的增长。毕竟市场份额不可能超过 100%，接下来就只能在行业内纵向整合及挖潜，或是发展横向的衍生业务，比如餐饮。如果这家企业因亟须破圈而反向切入到店餐饮业态，就会威胁到美团的核心利益。与其被动挨打，不如主动出击：用自己的打车业务插入对方的大本营，在己方的次要战场，牵制潜在对手的主攻方向，延迟其向餐饮业务的扩张步伐。

无论从哪个角度分析，切入打车业务都是美团整个竞争战略中的一步好棋。

想法很美好，但实际干起来会怎么样呢？ 2017 年 2 月，美团打车在南京高调启动，但直到一年后，才进入第二个城市上海。到 2018 年年中，美团打车司机端的 DAU（Daily Active User，日活跃用户数量）仍然微不足道，对网约车领域的龙头企业根本构不成威胁。如果只是牵制效果不好也就算了，这场战争还变成了消耗战。2018 年美团刚刚上市，出行业务出现了巨额亏损，拖着美团股价从 72 港币跌到了 50 多港币。

为什么会这样呢？我们想想美团厉害在哪里？在餐饮业务上。美团用强大的地推团队，攻占"散户化"的餐饮小 B 端商家，把它们聚合起来提供给 C 端用户，这是一个经典的平台运营模式。但当美团把它习惯的模式复制到出行业务时，就有点问题了。

对比餐饮业务，出行业务有两个显著的不同之处。

一是司机和用户的低迁移成本。对餐饮商家而言，它们在和美团、饿了么等平台合作时需要付出较大的前期投入，包括接入平台的入驻成本、营销签约、对平台配送服务的依赖等，迁移成本较高。但对司机而言，在打车 app 间切换的成本极低，大不了再买一个二手手机。对于打车这种低差异度服务，C 端用户的迁移成本就更低了，大家都有同时开几个 app 叫车的习惯。极低的用户黏性，使美团难以成为 B 端和 C 端之间稳定的平台，很容易陷入价格战。

美团 2018 年全年财报显示，2017 年美团的网约车司机成本尚为 2.9 亿元，2018 年则飙升至 44.6 亿元，每月花在司机上的开支达到了 3.7 亿元。而截至 2018 年 6 月 30 日，美团打车司机端的 DAU 仅有 13.5 万，平摊下来每个司机的年运营成本高达 3.3 万元，而美团宣称自己的抽成比例为 8% 且"永不加赋"。做个简单的推算，如果每单平均车费为 25 元，那么每个司机一年要接 16 500 单（如果全年无休，一天要接 46 单），美团打车才能从中赚到钱，这是非常荒唐的。让我们思考一下，同一时间网约车领域龙头企业的打车司机端 DAU 为 480.9 万，如果美团想要拼到其 10% 的运营规模，以现在的成本结构，就需要每年砸 158.9 亿元来做司机运营，而美团 2018 年港股 IPO 也只融了 293 亿元。这种糟糕的成本结构是不可持续的。

二是大 B 端的强议价权。大部分司机并没有车，需要依托于租车公司（如神州租车）或本地网约车的司机运营商，于是，在美团熟悉的 S2B2C 的模式中，又插入了一个大 B。作为"地头蛇"的大 B，面对美团挑起的战争抱有复杂的态度：一方面，它们期待有更多选择；但另一方面，它们也期待自己能摆脱平台的限制，塑造自己的品牌甚至是推广直营的 app，在价值链中占据更大的份额。这种微妙的关系，使美团无法在出行业务上获得像在餐饮行业那样的主导地位，也让美团的地推能力无从施展。

那么，如何解决这两个问题呢？或许第二个问题本身就已经透露出了解决的方式，那就是赋能本地网约车运营商，"联合你的竞争对手打你的对手"。2019 年，美团转型，开始采用"聚合约车"的新模式：不再直接聚合 B 端的运力，而是将聚合 B 端的作用和价值（当然也包括成本）都"让"给了本地网约车运营商，把自己的后背交给了"队友"，帮助它们在美团打车的平台上提供服务和实现品牌露出。如此一来，美团就把自己的一只脚抽出了打车混战的浑水，而成了大家的朋友。

在这个策略的指导下，美团 2019 年 4 月接入了曹操出行、首汽约车、神州专车等出行服务商，在 3 个月内迅速拓展到 17 个城市。比起之前两年哼哧哼哧才拿下两个城市，新模式下美团打车的拓展速度如同坐上了火箭一般。

在新的模式下，市场拓展非常快速，运营成本却并没有增加，反而大幅降低了。首先，美团不用再承担补贴司机的现金流压力，如果仔细看新版app，可以发现美团打车的乘客补贴只针对和自己签约的车辆，其他的优惠活动是由本地出行服务商自己补贴来做的，无须美团花钱。这样一来就堵住了司机运营带来的长期现金流支出。据美团财报显示，2019 年美团网约车、共享单车等新业务营收 204 亿元，约占集团营收的 21%，净收入则为 23 亿元，比 2018 年增长了 66 亿元。借助聚合模式，美团网约车业务的亏损显著收窄，总算是撑起了一方天地。

如果用一个词来形容美团的策略，最合适的莫过于"亢龙有悔"。我们对这一策略进行了总结，如表 7-4 所示。

表 7-4　美团的"亢龙有悔"

战略目标	通过打车业务形成新的商业化闭环
关键点	打车是美团"餐饮＋平台"战略不可或缺的拼图： ● 使用美团或大众点评 app 到店就餐的用户中，1/3 都有"打车去吃"或"打车回家"的需求 ● 一旦打车业务做起来，还可以反过来成为餐饮商家进行营销的流量入口，为美团增加丰厚的广告收入
优化路径	
新路径成效	原路径 2018 年平均每月毛利 -3.5 亿元，新路径 2019 年平均每月毛利 2 亿元

美团的案例充分表明，不拘泥于固有的商业化路径，横向联合行业内资源、协同拓展的方式，可以多快好省地实现新业务的战略目标。不过，既然这种横向联合协同的路径如此之好，为什么美团一开始不用呢？为什么不像高德打车、百度打车那样从一开始就采取聚合模式？

这要归因于"能力陷阱"。高德地图和百度地图都是工具类的地图 app，一直都习惯以在线轻运营的模式来工作。当它们进入出行行业时对自己是很有自知之明的，知道自己玩不转线下司机运营，所以一开始就以较轻的聚合模式进行，把责任和收益"让"给更适合干这件事的人。

而美团就不一样了，美团骨子里就有地推铁军的基因，在线下运营方面有很强的能力，这是它看家的本事。它会本能地想：既然其他企业都能做好，我去做岂不是砍瓜切菜，无人能敌！于是就沿着自己最擅长的商业化路径，极为高效精准地掉进坑里了，后来才幡然醒悟开始做聚合。由此可见，很多时候能力太强反而会成为一种诅咒，企业会对新业务的复杂度缺乏敬畏，也难以意识到应该发挥合作方的比较优势，从而陷入困境。

路径不同，企业的结果完全不一样。从这个角度来看，**伟大的企业一定是不断追求商业化路径的创新的，更懂得把竞争对手变成自己价值链中的一部分**，让企业实现弯道超车，甚至直接逆袭。

7.6　路径 5：与互补方共赢

从原点向左探索，是互补方。与互补方共赢，是商业化新路径之一，如图 7-7 所示。

管理学家拜瑞·内勒巴夫和亚当·布兰登勃格在其合著的《合作竞争》中说："考虑互补性是商业的另一种思维方式。是想办法把市场做得更大，而不是与竞争对手争夺一个现有的市场。"与互补方共赢，就是两个或多个企业尝试在产品、服务、技术、市场等方面互相补充、互相促进，从而达到共同发展的效果。

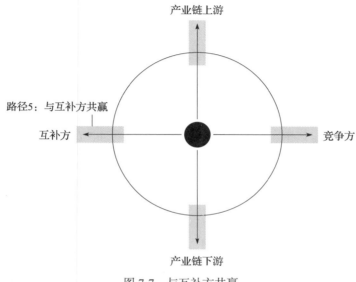

图 7-7　与互补方共赢

这样的合作有很多，三年疫情期间，盒马鲜生与西贝餐饮集团（简称西贝）的"共享员工"也是与互补方共赢的经典案例。

2020 年，新冠病毒在神州大地肆虐，人们响应政府号召，纷纷在家隔离。在这个特殊时期，盒马鲜生的网上订单量相比 2019 年同期暴涨了 220%，而其旗下各个门店的人手却极为紧缺，供应链和物流运营都出现了困难。与此同时，受疫情影响，西贝等餐饮企业的门店不得不停业，员工们只能"赋闲"在家。西贝董事长贾国龙在接受媒体采访时连连诉苦："账上现金流扛不过 3 个月，2 万多名员工待业。"

一边是"用工荒"，一边是"闲得慌"，能不能有一个两全其美的方法解决这些企业的难题？这时，盒马鲜生想了一个好主意：与西贝等餐饮企业合作，与它们共享员工。西贝的员工可以到盒马鲜生"打短工"，等到疫情好转西贝门店重新营业后，他们就回到原来的工作岗位。

盒马鲜生和西贝采取的商业化新路径如表 7-5 所示。

表 7-5   盒马鲜生与西贝的商业化新路径

痛点	西贝因新冠疫情突袭，堂食暂停，大量员工闲置，人工成本仍需支付，很多餐厅面临资金断裂的挑战		
优化路径	**梳理价值网络** 　同样因为疫情，盒马鲜生的网上订单较去年同期激增 220%，出现了人手紧缺的问题 　一家企业员工闲置，另一家企业人手紧缺，在人力资源上双方形成了互补的可能性	**重组生产要素** 　盒马鲜生与餐饮类企业的日常工作并不复杂，培训一下很容易上手，在服务用户的链条里可互补、平移，盒马鲜生与餐饮类企业就此展开合作	**价值交换** 　盒马鲜生：短期内订单激增，供不应求，没办法迅速招到人补位，与西贝合作可马上缓解人手短缺压力 　西贝：疫情突袭，堂食暂停，大量员工闲置，资金使用效率太低，与盒马鲜生合作能快速回流部分资金
新路径成效	在新冠疫情暴发这一特殊时期，盒马鲜生获得了更多员工资源，解决了人手紧缺的问题，同时也让西贝的员工保住了工作，得以维持生计		

这为两家公司提供了一种互惠互利的解决方案，皆大欢喜。

互补方可以分为多种类型。

跨行业互补方

跨行业互补方是指因为有着各自的专业技能和资源而可以相互合作互补的不同行业的企业。比如，一家医疗器械制造商可能需要大量的精细零部件，而这些零部件可能由一家专业的精密零部件制造商生产，两家企业可以合作，互相满足各自的需求，实现双赢。

同领域互补方

同领域互补方是指互相补充的同一行业内的不同企业。比如，一家高端品牌企业可能在产品的设计和营销方面有着强大的优势，但生产线可能相对薄弱，而另一家企业可能有着高效的生产能力和丰富的生产经验，但在品牌和营销方面不够强大,这两家企业可以合作,互相满足各自的需求,共同提高产品的质量和竞争力。

技术互补方

技术互补方是指在技术研发方面互相补充的企业。比如,一家企业可能在某项技术的研究和开发方面非常擅长,但在应用和商业化方面不足,另一家企业可能在应用和商业化方面有着丰富的经验,但在技术研发方面不足,这两家企业可以合作,共同研究和开发该技术,并将其推广到市场上。

企业可以与互补方共享资源和技能,这使企业在激烈的市场竞争中能更好地发挥自己的优势,提高市场占有率和利润率,同时降低成本,缩短产品开发周期等。但是,在选择互补方时,企业一定要慎重,要从多个方面考虑,下面是一些关键因素。

互补性

选择互补方的首要条件是要有互补性,即双方在资源、技术、市场等方面存在着各自的优势和短板,可以通过合作实现资源和优势的共享,相互补充。企业需要评估自身的情况,然后与潜在的合作伙伴进行对比,找到互补性最强的企业。

共同目标

企业在选择互补方时,需要考虑合作伙伴的共同目标是否一致,是否具有长期合作的潜力。选择与自身目标不一致的合作伙伴会使合作的效果大打折扣,甚至会导致合作失败。

合作伙伴的实力和信誉

企业在选择互补方时,需要从资质、品牌、管理制度等方面考虑合作伙伴的实力和信誉。选择实力雄厚、信誉良好的合作伙伴可以保证合作的顺利开展和后续的合作效果。

合作成本

企业在选择互补方时，需要考虑合作的成本是否可控。成本是企业合作的重要考虑因素之一，需要对合作成本进行详细的评估，包括对实际支出和潜在风险的预估，并制定出可行的合作方案，确保合作成本可控。

产业链地位

企业在选择互补方时，需要考虑合作伙伴在产业链中的地位和影响力，以及合作伙伴对产业链的掌控程度。选择产业链地位高、影响力强、掌控程度高的合作伙伴，可以使企业在产业链上占据更有利的地位，提高企业的竞争力。

合法合规

企业在选择互补方时，需要考虑合作伙伴是否符合法律法规的要求。如果选择的合作伙伴存在潜在的法律风险，可能会对企业产生不良的影响，甚至引发法律纠纷，从而导致企业的经营损失。因此，企业在选择互补方时，需要对合作伙伴进行充分的尽职调查，了解合作伙伴的商业行为是否合法合规，是否存在违规行为和潜在风险，以及提前准备对应的控制措施和应对方案等。此外，企业还需要与合作伙伴签订详细的合作协议，明确双方的权利和义务，规范合作行为，避免合作过程中发生纠纷和风险。同时，企业还需要及时了解相关法律法规的变化和更新，确保合作行为符合当时当地的法律法规要求。

击穿原点、整合产业链上游、裂变产业链下游、聚合竞争方、与互补方共赢是"幂次方的礼物"模型为我们提供的五条商业化新路径。企业可以根据自身的具体情况选择合适的路径，让企业重新回到高效的发展道路上。

值得一提的是，从本质上来说，**对商业化新路径的探索，是对企业的生产要素进行重新整合。而整合生产要素就是整合欲望**。如果创业者或企业家对成功有着巨大的渴望，就会驱动企业不断进行探索。所以，创业者、企业家的意念和精神对企业至关重要。

　　企业家一定要有野心，要有带领企业持续增长的强烈欲望，要有通过企业的成功和发展为社会创造更大价值的信念，这样的企业家才会不断挑战自我和突破现状，引领企业的创新、突破与变革，使企业不断蜕变，最终走向辉煌与卓越。

第 4 部分

运营创新

第8章

建立正确的运营创新认知

8.1 运营创新是企业的生命线

创新是打造企业核心竞争力、促进企业可持续发展的重要因素，企业的创新是多维度的，包括技术创新、产品创新、服务创新等。但是，很少有人提到运营创新。其实，在当下，企业光有技术创新、产品创新、服务创新是远远不够的，运营创新也发挥着重要的作用，甚至从某种程度上来说，运营创新就是企业的生命线。

为什么运营创新如此重要？这与企业所处的大环境密切相关。

第一，近几年，全球经济进入了下行周期，中国也面临经济下行的压力，增长速度变慢。对此，一些经济学家持悲观态度，很多企业也充满焦虑，他们普遍认为，这将会持续很长一段时间，短则3～5年，长则5～10年。在这样的时期，如果一个企业仍然用过去的方式和策略来做运营，恐怕就会陷入困境中，严重者甚至会休克和死亡。

第二，在目前的互联网行业，较大赛道中的C端红利已经基本耗尽，只有一些细小的分支赛道里还存在 C 端红利。很多创业企业，甚至一些已经发展得非常成熟的大型企业，都进入了 C 端下沉的"深海"进行作业，所以，竞争也日益进入"深水区"。在"深水区"，过去的运营手段已经无力支撑企业的发展了。因此，企业必须进行运营创新，寻求突破，为自身的持续发展和不断增长找到新的动力。

第三，ToC 衰退，ToB 兴起，让企业不能再走老路。2021 年 3 月 23 日，商业查询平台天眼查发布《新发展十年——中国城市投资环境发展报告》，其调查数据显示，2011 ～ 2020 年 10 年间，企业服务市场高速发展，相关企业数量占比涨幅高达 2.97%，行业获投数量占获投总量的 16%，均位列第一。这为企业带来了新的契机，腾讯、阿里巴巴、百度等巨头企业纷纷切入 ToB 领域，开始战略转移。企业布局 ToB 市场时，很多业务都可以用产业互联网的方式再做一遍，企业的运营手段必须随之创新，这样才能探索更多可能。

那么，运营创新究竟该怎么做？经常有人问我这个问题，他们迫切地希望得到答案。关于这个问题，我从三方面来进行解答。

第一，运营创新应该遵循什么样的思路，不能违反什么原则，怎么才能够把运营创新引导到对企业发展有利的方向上去。

第二，运营创新包括哪些模型，怎么选择与企业最适配的运营创新模型。

第三，随着经济的发展、时代的变革，对运营、组织会出现什么新趋势，未来会走向何方，运营创新模型又会有哪些发展，进行有前瞻性的洞察。

8.2 好运营，差运营

讲到运营，第一个问题是：什么是运营，如何理解运营？

关于运营，很多人进行过阐述，但是一直没有一个共识性的定义。在我看来，**运营就是把人、资源通过某种形式组织起来实现战略意图。运营的核心，是资金使用效率的最大化。**

第二个问题是：什么是好运营，什么是差运营？

我们都知道，很多互联网公司都设置了运营这个职能部门，但运营并不只是一个单点的"职能"概念，也不只是传统链条式的"流程"概念，而是讲究整体布局的"系统"概念。运营并不具体去探讨某项内容，如产品、技术、客服等，而是更强调如何让它们之间实现统筹和协同。

所以，**好的运营应该是系统化、全局性的运营。它是很多因素的组合，包括财务、技术、产品、营销、人力资源、组织管理等，各个因素杂糅在一起，形成了一个完整的系统，进行有效的协作，产生最高的效能。**这是好运营的第一个特点。

那什么是差运营呢？全球知名创投研究机构 CB Insights 通过分析上百家创业公司的失败案例，总结出了创业公司失败的 20 大主要原因，我们在这里列出前 6 个原因，如图 8-1 所示。

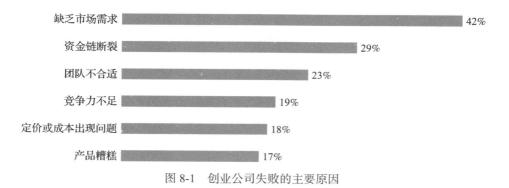

图 8-1　创业公司失败的主要原因

从中我们可以看出，大多数创业公司之所以失败，不是因为产品创新不足，也不是因为技术创新不足，而是因为资金链断裂、团队不合适、竞争力不足、定价或成本出现问题等，而这些都可以归因于运营错配（主动因素）

和同质化的运营竞争（被动因素）。

国内共享单车行业从兴盛到衰落的发展历程，也折射出了差运营给企业乃至行业带来的毁灭性打击。

共享概念出现以后，共享经济开始蓬勃发展，其中，共享单车的势头最盛。中国信息通信研究院发布的《共享单车行业发展指数报告》（2017 年第三季度）显示，2016 年 10 月以来，共享单车渗透指数一年增长近 8 倍，2017 年 3 ～ 6 月涨势尤为突出。这一领域的玩家也迅速地从几家发展到几十家，其中不乏摩拜单车、ofo 等独角兽公司。

一场资本狂欢由此开始。据不完全统计，2016 ～ 2017 年，共享单车企业一共拿到了近 50 亿美元的融资，其中摩拜单车累计获得约 12 亿美元的融资，ofo 融资额高达 14.5 亿美元，就连后起之秀哈罗单车也得到了阿里巴巴的全资投资，金额高达 3.5 亿美元。[⊖]

在资本的支持下，共享单车企业开始盲目地抢市场，不断铺车。一时间，无论大街小巷，全都停放着各色各样的共享单车。我们通过一家维修公司了解到，共享单车的维修率很高，某些品牌共享单车的维修率高达 75%，即使是好一些的品牌，维修率也有 45% 左右。

这么高的维修率，即使你拼命占领了市场，又怎么能提高用户满意度呢？怎么能让公司完成最后的自我造血，实现可持续发展呢？有效运营的核心不在于扩张，扩张肯定是竞争到最后的自然结果。哪家企业的生命力最强，它的扩张才会是最有效的。

共享单车行业的运营模型和它的发展战略是极度不匹配的，最终，大多数共享单车企业也是因此而死。

⊖　新周刊. 共享单车涨价，我不骑了［EB/OL］. 2022-08-11［2023-07-22］. https://baijiahao. baidu.com/s?id=1740794050857802325&wfr=spider&for=pc.

从运营的角度我们可以看到，如果没有形成自我造血和持续发展的能力，没有解决核心的运营问题，企业的发展是难以为继的。通过资本补贴获得的繁荣，不过是虚假繁荣。

差运营还有另一种表现形式：有些公司的老板为了解决运营问题，从外面请运营高手来操盘。这时，很可能会出现三种情况。

第一种情况是，这个运营高手一来，就像救火队员一样一头扎到公司，开始解决问题。这种运营必然不能产生变革，因为沿着已经被证明失败的老路走，当然走不通。

第二种情况是，这个运营高手讲起运营来头头是道，执行力也很强，赢得了老板的信任，让老板不断地砸钱。但没有人知道他的运营方式到底对不对。可能是对的，那这家公司非常幸运；也可能是错的，那这家公司就会很惨，钱烧完了，公司也就完了。

第三种情况是，这个运营高手在之前的公司有成功运营的经验，到了新公司后，他很快就将这些成功经验复制过来，但这种做法是很不可取的。正所谓"橘生淮南则为橘，生于淮北则为枳"，每家公司都有自己的具体情况，好方法在这家公司有用，换一家公司未必见效。

这些运营方式最终指向的是企业的失败。

那么，在这个场景中，好运营会怎么做呢？如果你进入一家公司接手一个项目，你要做的第一件事不是马上行动，也不是用原有经验去解决问题，而是要让自己静下来，百动不如一静，一静不如一思。

你要跳出来，以旁观者的眼光去审视这家公司的情况，也就是出局看局。我去赶集网的时候，事先就跟老杨达成约定，第一个月除了走访一线我什么都不做。我要全方位地了解公司的产品、用户和团队，看看问题到底出在哪里，就像医生问诊一样。

当然，跳出来以后，看什么很关键，我建议你进行"三看"。

第一看：目前的运营模型是否与公司战略匹配？

有时候，运营模型已经不适合公司发展了，这时你应该用其他的运营模型。作为创业者，我们不能看热闹，面对每一个事件，一定要回到战略、组织、运营、商业化路径上去思考。厉害的人，通过看战略和运营模型的匹配情况，就能推导出公司大约什么时间会出问题，或者什么时候战略能够真正承接愿景和使命。

第二看：什么样的运营模型最符合公司的战略意图？现有的运营组织是否需要改变？

有的运营组织就是累赘，很难达成战略意图，这时候就要考虑是否对运营组织进行重构。

第三看：如果公司需要运营组织，那么，搭建什么样的运营组织、采用什么样的运营模型更适合这家公司？

拼多多为什么没有学阿里巴巴，没有学京东？其实，黄峥的战略意图很简单——切淘宝中最下沉的那部分市场，做第二个淘宝。最下沉的市场由于单价很便宜，利润很低，靠自己组建直营团队覆盖不了成本，所以他最后选了另一个模型——用户裂变，羊毛出在羊身上。

通过这"三看"，你就会发现真正的问题，然后再着手去解决就会有的放矢。

是不是解决了这些问题就万事大吉了？不是，好运营会在公司的整个发展过程中不断地进行自我调整，出现问题就修正，时移世易就改进。

所以，好运营的一个特点是动态性。它会随着公司发展持续调整和优化。

好运营就是帮企业找到合适的运营模型，做到战略、组织、运营模型、执行四个因素的协同和匹配，保证你的公司在激烈的竞争中脱颖而出，走向自我造血、持续发展的道路。

第 9 章

运营创新的四大原则

运营创新不是为了创新而创新，也不能闭门造车去创新，而是要遵循一定的原则。根据 20 多年的运营经验，我总结了运营创新应该遵循的四大原则，如表 9-1 所示。

表 9-1　运营创新的四大原则

原则	用户导向	以终为始	看业务属性和标准化程度	做好竞争态势分析
思考点	**用户群体** 你的企业是 ToB、ToC 还是 ToG①？不同用户群体的决策流程和周期都不一样 **用户认知度** 你运营的产品是被普遍认知的还是新兴产物？这决定了沟通的频次和方式 **用户频次** 你的业务是高频的还是低频的？高频业务相对好做一些，所以需要想办法将低频业务做成高频 **用户需求的刚性程度** 你的产品或服务是刚需还是非刚需？非刚需产品或服务的运营要想更多的办法去唤醒用户的需求，诱发他们的购买行为	1）先看你所在产业、自身业务的发展终局是什么（比如你最终为用户提供的是什么，需求量有多大，产业链生态是怎样的等），再从终局往回看，判断你现在应该采用什么样的运营模型 2）"终点"之前有"中点"，中点是业务增长所需，终点才是真正为用户创造的价值	**业务属性** 业务属性就是产品或服务的定价区间，分为冲动消费区间和非冲动消费区间 **标准化程度** 你的产品或服务的标准化程度如何，如果标准化程度较低，那么说服成本、使用成本都会更高一些	**整体市场容量** 看目标赛道的整体市场容量有多大，是否符合你的创业预期 **领头羊在市场中的位置** 如果它已经在市场上形成了垄断地位，你的运营创新就必须更加彻底，并且更具差异化 **你在市场中的位置** **竞争对手的运营模型** 找到竞争对手的核心竞争力，以及你的运营模型与竞争对手的区别、差距在哪里

① ToG 即 To Government，指面向政府，为政府部门提供服务。

接下来，我们就分别对每一条原则进行讲解。

9.1　用户导向

运营创新的第一原则是用户导向，也就是**一切从用户的角度开始思考**。

虽然很多公司都提倡客户第一、用户优先，但是它们往往只将这一原则应用于产品创新或是技术创新方面，在运营上更多还是从自身出发，从本位出发，而不是从用户出发。实际上，运营时的用户导向至关重要，因为任何一个企业，从本质上来说都是用户关系的综合，"人"才是运营的核心。如果我们的运营工作都是围绕用户进行的，就能更好地洞察和规划用户体验，增强用户黏性，提高用户活跃度，从而满足用户需求，实现用户价值。

要做到用户导向，我们在运营时要从以下几个维度进行思考。

1. 用户群体

你的企业是 ToB、ToC 还是 ToG？

用户群体不同，运营模型也不一样。

ToB 用户的决策流程较长，比如，你的公司做的是云存储业务，你在运营时需要经历一个漫长的流程：第一，与甲方业务员进行交流，如果对方很认同这个产品，就会写审批报告去申请采购；第二，审批报告经过项目组讨论、使用部门测试、老板审批后，得到批准；第三，与甲方的采购部门谈判确定价格以及其他各种细节；第四，签订合同，甲方打预付款。因此，ToB的运营一定要建立专业化的团队去跟进。

ToG 用户的决策周期更长，要招标、竞标、中标，这时候你组建的团队大概率是直销团队，或者 KA 团队，因为可控。但是，在运营方面，如果你用的是第三方裂变的运营模型，或者是抖音直播的运营模型，是走不通的。

相比之下，ToC 的运营就比较简单了。ToC 用户的决策非常快，有时候甚至会冲动消费，比如用户今天在抖音上看到某个主播穿的衣服非常好看，很符合自己的审美，就会去淘宝商品页面上看哪个尺寸是合适的，然后下单支付，从看到产品到下单，可能只有 3 分钟的时间。因此，ToC 的运营无须建立非常大的团队，远程在线运营就可以了。

总体来说，你要清楚地知道用户群体是谁，再基于你的用户、你的团队情况，找到适合你的运营模型。

2. 用户认知度

你运营的产品是被普遍认知的，还是新兴产物？

用户对新兴产物的认知通常不太成熟，这时，你需要建立专业的线下团队与用户进行高频沟通，提高用户认知度，帮助其进入用户心智中。

比如，阿里巴巴刚推出中国供应商的时候，"互联网"对于绝大多数中国人还是一个新鲜的名词，全国的互联网网民也不过只有 6000 多万，很多地方还是拨号上网，市场极度不成熟。在这种情况下，如果你像现在这样用在线的方式进行运营，是根本行不通的，必须搭建线下的专业团队，主动推进，去教育和服务客户，慢慢把市场做成熟。阿里巴巴引以为傲的"中供铁军"就是在这样的背景下诞生的，当时他们做地推，是一家家敲门，手把手教用户怎么用互联网做生意，对有些用户甚至要从怎么上网开始教起，这在今天听起来是多么不可思议。

认知的成熟是一个过程。哪怕在今天，提到微信、支付宝，大家的认知度都很高，但是提到区块链、元宇宙、人工智能、定制化的大数据公司、小机器人，还是有很多人不熟悉、不了解。**并不是你的认知度高了，用户的认知度就和你一样高**。你必须找到一种运营模型，提升用户的认知度。

3. 用户频次

你的业务是高频的还是低频的？

有些东西是高频的。比如餐饮，一日三餐是一种普遍的饮食习惯，要吃饭就要买菜，不想自己做饭就要叫外卖，所以生鲜和外卖都是高频业务；比如童装，孩子长得快，衣服更换的频率就会高一些；再比如女装，女性普遍比男性爱美、追求时尚，所以女装的购买频率比男装高很多。

还有一些东西是低频的。比如房子，很多人一辈子可能只有一套房子；比如汽车，5 年一换都算频繁；再比如装修，用户平均 10 年才会换一次装修。

用户频次的不同导致你的运营模型完全不一样，高频业务相对好做一些，低频业务比较难做，想把低频业务做成高频业务就更难了。

要做好低频业务，我们可以通过以下几种途径。

一是把低频聚合成高频。举个例子，我刚加入赶集网的时候，赶集网的业务大多是维修、租房、二手交易、家政服务等低频业务，但是它把多个低频业务聚合到一起，就变成了高频，生意就好做了。

二是循序渐进地从低频切到高频。在低频业务的基础上，逐步引进高频业务，也能提高用户的频次、黏性、交易额。美团就是从低频切到高频的经典案例，美团最开始做的是团购，后来做酒店、娱乐、餐饮，再后来又做起了外卖、共享单车、打车、生鲜、零售等高频业务，一步步从低频切到高频，生意越做越大。

三是做客户需求的延伸。比如婚恋网站是高频的，因为它的业务从"婚"向前延伸到了"恋"，从做婚姻介绍往前切到做高品质的恋爱服务。

四是建立品牌认知，持续占领用户心智。通过某种手段让用户持续认知你的存在，认识到你对他的价值，让用户在产生需求的时候第一时间想起的是你的产品，也能提高用户频次。瓜子二手车、赶集网、58 同城打那么多广告，就是为了不断占领用户心智，形成品牌效应。

4. 用户需求的刚性程度

你的产品是刚需还是非刚需？

用户需求的刚性程度决定了他购买的迫切程度。比如用户家里的门锁、马桶坏了，他会第一时间找人来维修，因为他必须马上解决这个问题，容不得半点拖延。这就是刚需。强刚需的产品或服务，只要你的运营模型匹配，用户的需求量是非常大的，意愿度很高，议价空间也很大。

而像零食、休闲娱乐等，虽然大部分用户都会有这类需求，但并不是刚需，少吃点零食，少唱一次 KTV，对用户来说没有太大的影响。非刚需产品或服务的运营就要想更多的办法去唤醒用户的需求，用各种手段诱发他们的购买行为。

9.2   以终为始

以终为始，也就是**站在未来看现在**，这种未来观的本质是终局思维。

大部分企业都会思考"我们现在有什么""我们要做什么"，而阿里巴巴、华为、亚马逊这样的企业，思考的是"我们未来会成为什么样子""为了实现这个未来，我们现在需要做什么"。

做运营也是如此，你要认真思考你所在产业、自身业务的发展终局是什么（比如你最终为用户提供的产品和服务是什么，需求量有多大，产业链生态是怎样的等），再从终局往回看，你现在应该采取什么样的运营模型。我们从此岸出发到彼岸，一定要知道终点是什么，否则很可能走向错误的方向。

在"终点"之前还有一个"中点"，这是两个完全不同的概念，我们一定要搞清楚。很多创业公司之所以失败，就是因为误把中点当终点。在创业初期，用户数量和交易额迅猛增长，它们就误以为当下的商业运营模型就是正确的商业运营模型，就是终点，于是拼命融资，加速占领市场，谋求更快的发展速度。但是一旦面临经济下行压力、"资本寒冬"，钱烧完了，投资方也不给它们继续输血了，它们就轰然倒下了。这是近些年很多独角兽公司"死亡经过"的真实写照。

创业是从"起点"走向"中点"，再走向"终点"的过程。中点是你要的东西，是你给投资人交出的答卷，而终点是用户要的东西，是真正为用户创造价值，并以此完成企业自身的价值回馈。只有能为用户创造价值，你的公司才能可持续发展。

当然，中点也很重要。**你的心中先有中点，行动才会有终点。**你一步步走，步步为营，把握创业节奏，不让自己挂掉，企业才有可能从小树苗长成参天大树。

我曾经辅导过一家大健康领域的企业，CEO 找我辅导的时候，这家公司已经进行了好几轮融资，估值不错。但他不知道自己接下来该怎么走。

我问他："你最终想把公司做成什么样？"

他说："我想做出一个汇聚全国所有药方和患者数据的大健康系统。"

这家公司的终点其实很明确，就是把所有医院的药方都转发在它的平台上，这是一件很有价值的事。但要到达这个终点，必须先走到一个中点——拿到全国所有医院的数据。怎么实现这一点呢？拓展医院。

该公司的 CEO 也想到了这一点，他打算招聘几百人做推广。

我听了他的想法，当时就眉头一皱。我说："你为什么要招这么多人？这样公司的成本会增加很多。而且，如果全国的医院都被拿下了，建立合作、签约后，你可能只需要十几个人来维护各地的客情关系，那其他人做什么？"

他一下子愣住了。

我补充说："唯一的方法就是裁员。裁员意味着你要付出巨额的裁员补偿，所以你现在就要准备这笔钱了。"

他两手一摊，无奈地说："不然该怎么办？"

我说："其实你不一定要招聘那么多人，你的目的很简单，就是要把全国的医院拿下，你可以建一个小分队，通过第三方以项目形式去实施。"

我告诉他，小分队非常简便、精悍，不需要太多的人员，十几个人就足够了。这支小分队可以通过第三方的项目组往前推进工作，可能只需要一两年就能把全国的医院拿下。到那时，因为项目已经结束了，第三方拿到了该得的合同收益，就可以顺利撤出。而小分队的这十几个人也完成了自己的使命，可以转化为维护客情关系的服务人员。这种方式不需要裁员，当然也就不存在巨额赔偿的问题，可以使公司轻松地从中点往终点冲刺。

他听完这个建议后，马上停止了已经批准的招聘计划，重新做计划了。

最近，我听说这个公司通过这种方式已经初步完成了全国数据的联动。

如果这家企业没有按照我们的建议去做，恐怕现在的员工规模至少是原来的三四倍，运营成本一定很高。很多公司现金流断流，就是因为人力成本急剧增加，成本飙升，这是典型的运营不匹配。

由此我们可以看出，以终为始的思考原则对一家公司的生存和发展是多么重要。

9.3　看业务属性和标准化程度

运营创新的底层逻辑是提高用户的决策效率，而**用户决策效率的提升基于两点：一是业务属性，二是标准化程度**。因此，运营创新的第三个原则就是要看业务属性和标准化程度。

1. 业务属性

产品或服务的定价区间决定了你的业务属性，它是思考运营创新的一个非常重要的点。冲动消费区间和非冲动消费区间的运营模型是不一样的。

如果一个产品的定价是 20 万元，采用在线运营和自助运营基本很难成功，它处于非冲动消费的区间，必须通过线下面对面的沟通，建立比较深的信任关系，让用户彻底了解产品可确定的成本和收益，才有可能成功交易。

如果你的产品很小，定价不高，那采取网上自助运营的方式就可以了。比如一本书几十块钱，用户觉得好就会买下来，因为这个定价处于冲动消费区间，消费者决策很快。

2. 标准化程度

标准化程度也不可忽视，标准化程度较低时，说服成本、使用成本都会更高一些。

在互联网早期，环球资源网是当时做得较好的 ToB 外贸平台，但它的产品很复杂，而且定价高，会员年费大概是 3 万～ 4 万美元。这就为用户决策带来了障碍，超越了客户产生冲动消费的心理界限。

阿里巴巴的中国供应商其实也是极度复杂的，怎么拍产品、产品属性怎么写、每个属性的性能质量标准、最小订货量……都需要用户去琢磨，光是理解这一系列的外贸术语和产品术语都要让人花很长时间了。所以，阿里巴巴才会建立直营的中供销售团队，使这个产品与客户建立深度联结。

由此可见，产品的复杂程度与定价区间决定了客户的决策效率，也就决定了你需要建立什么样的运营模型。

2018 年，我们辅导过一家企业，这家企业当时已经进行了 A 轮融资，CEO 一来就问我，怎么建一支地推团队？

我问他："产品定价是多少？"

他说，两三千元。

我用这个原则帮他梳理了一下：他们的产品是标准化的，定价不高不低，每人每月签 10 单才能保本，但是这很难实现。因为他们当时平均每人每月只能签 4～5 单。

这样一梳理，他就知道建地推团队行不通了，因为赚不到钱，还要付出高额的人力成本，很有可能使公司的现金流出现问题。

最后，我建议他选择第三方团队，让别人帮他签单，他做好培训和赋能就行。原因很简单，第三方团队对利润的要求没那么高，这样的选择能让他的公司活下去。

看好你的产品、定价，找到合适自己的运营模型，才能做到心里有数，在同质化竞争的赛道里，胜出的概率才更高。

9.4　做好竞争态势分析

中国市场是一个充满竞争的市场，用现在流行的词来说就是"内卷"，为什么会这样？

一个原因是，中国有 14 亿人口，市场足够大，需求足够多。另一个原因是，中国这几年提倡双创，创业氛围很浓，大家都在寻找商机，而且全世界的热钱都涌向了中国市场。在某个市场里只要有一家公司做得还不错，马上就会有很多相同模式的公司跟进，原本无人问津的赛道可能会一下子涌进来几百甚至上千家公司，我们前面提到的共享单车、无人货架都是如此。

所以，在中国这个市场里，你必须基于竞争的逻辑去思考运营模型，否则会吃大亏。尤其是到了竞争的中后期或者说下半场，当"千军万马"血拼结束，只剩下"七雄争霸"乃至"三国逐鹿"时，基于竞争态势分析建立的运营模型对公司的生死至关重要。那些在行业里排第二三名的企业，甚至可以通过竞争态势分析和运营创新来力挽狂澜，干掉第一名，实现反超。而第一名的公司，如果想巩固自己的地位，彻底甩开竞争对手，也要基于自己的竞争态势去重构运营模型。

分析竞争态势，要从以下几个维度去思考。

1. 整体市场容量

首先看目标赛道的整体市场容量有多大。如果市场很小，是一个小而美的市场，你要考虑是否符合你的创业预期，考虑自己是否有必要进入，因为赛道的大小决定了一家公司的市值上限。

2. 领头羊在市场中的位置

赛道中的第一名尤其值得你关注，你要看它在市场中的地位是怎样的，它的市场份额是多少，是不是已经在市场中形成了垄断地位，如果它已经形成了垄断地位，你的运营创新就必须更加彻底，并且更差异化。当然，你也要考虑这个市场是不是高速增长，如果不是增长的反而是下降的，那么即使第一名现在还没有垄断，迟早也会做到这一点，因为它的业务是稳定的。所以，你一定要提早思考如何进行运营创新。

3. 你在市场中的位置

看完对手再看自己：你在市场中处于什么位置，占多少市场份额，属于第一梯队还是第二梯队？这些对运营模型的选择至关重要。

4. 竞争对手的运营模型

这是最重要的一个维度，你要认真观察竞争对手的运营模型——是全自营还是第三方运营，是线下团队还是线上全自助，是数字化驱动还是品牌驱动，等等。然后对其进行分析，找到竞争对手的核心竞争力，以及你的运营模型与竞争对手的区别、差距在哪里。

如果是同质化的竞争，大家拼的就是团队的强弱，你想后来居上是比较困难的，想在短期内结束战争或者取得优势也是比较困难的，这时，你需要基于竞争分析去做差异化的运营模型，而不是同质化的运营模型。**很多创业公司都死在了同质化的竞争上**，尤其是行业中的第二名、第三名。第一名后来被第二名、第三名反超，大多也是因为在同质化的竞争中没能快速拉开差距，给了对手喘息的机会，导致竞争格局发生了变化。

举个例子，2015 年有四大备受关注的合并案，其中有一个合并案直到今天都非常值得大家探讨和学习，它就是美团和大众点评的合并案。

合并之前，美团和大众点评进行了很长一段时间的竞争，互不相让，针锋相对。我们来对它们的竞争态势进行分析。

首先看整体市场容量。当时，美团和大众点评都基于本地服务，主要做的是餐饮和外卖领域。这个市场当时的容量其实并不大，只有几百亿元，但它有个特点，就是增速非常快，每年以两三位数急速增长。到今天，其市场容量已经增长到近万亿元规模，还在高速增长中，完完全全是一个朝阳产业。

然后看两者在市场中的位置。两者在 2015 年合并，2014 年开始有合并意向，所以，2013 年是一个最合适的观察点，当时还没有形成垄断的格局（一般形成垄断的标志是市场份额达到 46% 以上），两者在市场份额上的差距也不大（美团的市场份额为 16.69%，大众点评的市场份额为 4.85%），美团稍领先于大众点评，在早期这基本可以忽略不计，如图 9-1 所示。

最后看两者的运营模型。大众点评当时是典型的用户服务平台，它基于用户的评价信息，通过用户之间的口碑相传，帮助用户选择对应的产品和服务，用户体验很好。从本质上看，它是一家信息服务型公司，而不是一家交易型公司。而美团是典型的交易平台，追求的是平台产品和服务的性价比，所以两者的商业逻辑和运营模型是不一样的。大众点评的增长依靠的是用户的自我联结，成本很低，但是速度很慢，而且这种自建生态的方式是有前提的，这个前提就是市场不存在强竞争。美团则通过性价比提升交易量，同时自建美团铁军，快速占领优质的商户资源，实现资源上的垄断，以这种简单粗暴的方式加速占领市场，所以后面两者的差距不断拉大。

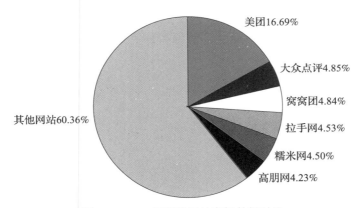

图 9-1　2013 年团购网站市场份额对比

两者的具体对比如表 9-2 所示。

表 9-2　大众点评和美团的各方面对比

运营主体	大众点评	美团
市场规模	两个公司规模实际在伯仲之间，还没彻底拉开差距，也没形成市场垄断	
商业模式	• 基于商户评价信息而产生交易，更像服务型公司，主业是信息，副业是交易 • 用户信息更有价值，但决策周期长	• 基于比价直接交易而后产生评价信息，更像交易型公司，主业是交易，副业是信息 • 以交易为主的简单粗暴模式，决策比较快
运营模式	采用商户联营模式，速度比较慢，在中国式创业的快竞争环境下，运营模型太理想化，有点滞后	采用自营模式，用人力驱动的模型来弥补产品上的短板，速度比较快，美团地推运营方式就是在这样的基础上建立的，与自营模式相匹配

数据是最能说服投资方的，投资方的选择最后倒逼两者走向了合并。

由此可见，**在中国进行商业竞争，只是遵从用户导向是远远不够的，这是一种典型的理想主义，并不能保证你在市场上活下去**。对产品服务的极致追求和对市场占有率最大化的追求很多时候是不能同步的，在竞争激烈的市场环境中我们一定要基于竞争本身来进行运营创新，不断找加速器，这样才有可能笑到最后。

在运营创新的道路上，如果你能遵循这四大原则，**从差异化竞争的角度用心寻找适合自己的运营创新模型，就可以找到战胜竞争对手的方法，并且真正为用户、为社会创造长期价值，而不是阵亡在黎明前的黑暗里。**

第 10 章

选择合适的运营模型

10.1 选择运营模型的出发点

在了解了什么是运营、什么是好运营以及运营创新的基本原则后，我们回到道和理的层面，想一想选择运营模型的出发点是什么。

1. 选择大于努力

这是我一直倡导的，你不要一开始就拼命做事，而是要先思考如何选择。选择很重要，因为一旦选错了，浪费的不仅仅是你一个人的时间、精力，更是公司全体人员的付出，以及背后大量的社会资源。

2. 做正确的事，而不是正确地做事

做正确的事比正确地做事更重要。在运营创新时，你一定要先看看这个运营模型是不是与公司的战略匹配，这样才能避免沉没成本。如果你的选择是错误的，那你越努力越失败。一位战略学教授讲过的一句话让我印象非

常深刻，他说：如果你的战略是错误的，你团队的执行力越强，越能把人类带入万劫不复的地狱。

3. 要在战略导向下用前瞻性的眼光去选择运营模型

在选择运营模型时，你要有前瞻性的眼光，要能洞见未来。你为公司找到的运营路径，要能确保公司未来三年的稳定发展，而且是能按照你可控的节奏将公司推向创业的巅峰，推向成功的彼岸。那些真正卓越的创业者，其至能够洞见公司未来 5 ～ 10 年的发展，像华为的任正非、海尔的张瑞敏都有这样的战略格局。

我们在运营创新时，要以上三点为出发点，根据公司的具体情况来选择合适的运营模型。

好的运营模型，是企业生存和高效运行的保证。很多人不理解这一点，认为运营模型没那么重要。其实，在整个运营创新体系中，运营模型是最为核心的，并且是更底层的东西。

金融投资家查理·芒格在他的经典著作《穷查理宝典》中提出了一个"思维模型"的概念，在他看来，思维模型就是能帮助人们更好地理解现实世界、指导行动和解决问题的思维框架。一个人的思维模型越丰富，就越能从纷繁复杂的现象中看到事物的本质，在决策和思考问题时就越容易做出正确的选择。

在运营中，运营模型就类似于思维模型，那些运营高手之所以厉害，就是因为他们掌握的运营模型足够丰富，这使他们在面对市场变化与企业的演进时能及时进行相应的调整以及创新。

经常有人问我运营有哪些妙招，其实，运营技巧固然重要，却不是最重要的。**如果说运营技巧是"术"，运营模型就是"道"，"术"能教你如何做事，但掌握了"道"却能使你一通百通。**

10.2　直营模型：打造高效铁军

运营模型有很多，其中最核心也是最常用的一个模型是直营模型。

直营模型的典型特征是，运营团队的员工是和厂商主体签订的劳动合同，由厂商来发工资、交五险一金。它又分为以下两种方式：

- **陆军模型**　主要是直销，阿里巴巴赖以成名的地推铁军就是典型的例子。
- **空军模型**　主要包括电销和在线运营。

陆军模型和空军模型的运营"战场"不同，但本质上遵循的是同样的逻辑。它们的建立可以分为以下几个步骤。

1. 铸军魂

直营体系的构建过程就像是人的孕育过程。人之所以为人，是因为人有思想、有灵魂。所以，我们在构建直营体系时，第一步要做的就是铸军魂，也就是建立心智模式。

电视剧《亮剑》中有很深的管理哲学，李云龙带团队最先做的就是铸军魂。比如，李云龙曾经对他的士兵说："我喜欢狼，狼这种畜生又凶又猾，尤其是群狼，老虎见了都要怕三分。从今往后，我李云龙要让鬼子知道，碰到了独立团，就是碰到了一群野狼，一群嗷嗷叫的野狼，在咱狼的眼里，任何叫阵的对手都是我们嘴里的一块肉。"正是因为李云龙为他的团队注入了这样的精神，连长孙德胜才会在骑兵连被围攻、自己也被砍断左臂时，用仅剩的右臂举起军刀继续战斗，他最后的怒吼"骑兵连，进攻！"响彻云霄。

一个人有了魂，生命才有了意义，才会懂得努力奋斗的真谛。做运营也是如此，**有了心智模式，才能走得更远**。

那么，心智模式应该如何建立？

首先是找到心智归宿：这个运营体系是为什么而存在？

然后是寻找心智路径：我要走向哪里？

最后是设定心智准则：我要用什么样的方式和行为到达彼岸？

认真思考，找到这三个问题的答案，心智模式的建立就成了水到渠成的事。

阿里巴巴就是通过这三个环节来建立心智模式的。阿里巴巴早在成立之初就明确了心智归宿，那就是"让天下没有难做的生意"，怀着这样的初心，阿里巴巴一路前行。那么，最终要走向哪里？答案也很明确。2004 年 9 月 10 日，在成立 5 周年庆典上，阿里巴巴提出了一个愿景——"成为一家持续发展 102 年的公司"。

为了实现这一愿景，阿里巴巴又开始打造价值观体系，也就是设定心智准则。阿里巴巴的价值观体系经过了几次变迁，最早的是"独孤九剑"：团队、教学相长、质量、简单、激情、开放、创新、专注、服务与尊重。这套价值观体系是从阿里巴巴真实的业务场景中提炼出来的，是对业务中遇到的难题提出的应对之道，从 2001 年一直沿用到 2004 年。

2004 年，阿里巴巴对价值观进行了重新梳理，将"独孤九剑"升级为"六脉神剑"：客户第一、团队合作、拥抱变化、诚信、激情、敬业。这套价值观体系一直沿用到 2019 年 9 月 9 日，为维护阿里巴巴的文化发挥了巨大的作用，比如，2004 年，淘宝网有一名很优秀的业务员，曾被评为销售冠军，但公司高管在抽查业务员的通话记录时，无意中听到这名员工在与客户谈业务时承诺了"回扣"，这与公司的价值观是相背离的。最终，这位员工被阿里巴巴的"六脉神剑"一剑封喉，被坚决地开除了。在阿里巴巴，这是"天条"，是不能违犯的。

到 2019 年，阿里巴巴已经发展为一个体量庞大的商业集团，业务涉及电商、物流、金融、芯片、云计算、本地生活、文娱等各个领域，组织变得更加复杂。在这一背景下，阿里巴巴又对"六脉神剑"进行了升级，提出了"新六脉神剑"：客户第一，员工第二，股东第三；因为信任，所以简单；唯一不变的是变化；今天最好的表现是明天最低的要求；此时此刻，非我莫属；认真生活，快乐工作。

价值观体系虽然一变再变，但都是一脉相承的。这些准则引领着阿里人不断向着目标前进。

我早期在宁波就是按照"六脉神剑"去带团队的，我团队中的每个人都非常认同这套价值观体系，并且，他们到了客户那里会自然而然地对客户讲阿里巴巴的文化价值观。很多人可能会觉得很奇怪：为什么一个销售到客户那里竟然不是先讲产品，而是先讲这家公司的灵魂是什么？其实，这种价值观的传递对转化客户是有帮助的。当时有很多客户听完之后，非常认同阿里巴巴的文化，直接就签单了。

我在赶集网的时候也是一样。我刚加入赶集网的时候，发现这家公司存在一个非常重要的问题——缺少一个显性的"魂"。当一家公司的"魂"很难被感知的时候，其实是很可怕的。这样的公司在市场上打仗是很难赢的，因为它没有"魂"，没有凝聚力，没有战斗力。于是我就帮赶集网找"魂"。基于当时的市场环境，我把这个"魂"定得非常具体、非常清晰：要做就做行业第一；聚焦于招聘，要就做招聘的行业第一；要做就做业绩增长最快的公司之一。

有了这个"魂"，大家就明白了：只争第一，这是最重要的。这之后，公司的各个部门，无论是技术、产品部门，还是运营、市场部门，都以第一为目标，公司内部的资源配置，也以此为核心。这样一来，所有的力量就凝聚成了一股合力，发挥出了超出想象的力量。

2. 搭骨架

有了"魂"以后，你的运营体系不能只在天上飘，要动起来，而要实现这一点，就得有人才的支撑，所以，第二步是组建团队，搭建组织架构，我将其称为"搭骨架"。搭骨架最重要的任务是找核心人才，打造核心组织。

根据我的经验，搭骨架的重点包括三方面的内容。

（1）招人

很多人说将军是培养出来的，我不赞同这个观点，因为培养的前提是有人可培养，所以，搭骨架是从招人开始的。招对人，你的团队就有了基本盘。

我早期在阿里巴巴宁波分公司带团队的时候，一直在琢磨怎么建一个一流的团队，我的想法是：要么不做，要做就打造一个第一名的团队。那时我奉行的原则是用人做事，而不是做事用人，所以我要的人必须是精兵强将。想清楚了之后，我就开始招聘。每招一个人，我都会亲自面试，如果对方不符合我的标准，就不在我的考虑之内。通过这种方式，我打造了一支很强悍的队伍。我们的销售业绩一直非常出色，我们团队一共有 9 个人，至少有 4 个人拿到过阿里巴巴全国销售冠军。在一个销售团队中，有这么多人能拿到全国第一名，说明我选人选对了。

后来，我被公司派去开拓北方市场，其中，北京区域是最难啃的一块骨头，为了把它啃下来，我又从招聘主管开始，一步步搭建我的团队。当时我每天面试 5 ~ 6 个人，面试了一周只招了两个人，其他人都被淘汰了。这两个人一个是程维，另一个是徐炜（现在是上市公司杭州龙席网络科技股份有限公司的 CEO）。他们都非常有能力，所以，第一年我们就把北京市场打开了，而且实现了高速增长。

所以，招人的时候一定多费心力，招对人，以后的工作就会事半功倍。

（2）育人

一提起育人，很多人的脑海里会马上浮现出一个词——"培训"，培训的确很重要，但只在教室里对员工进行培训就是闭门造车，效果未必好。我认为**"战场"是最好的训练场，要在战火纷飞的地方让员工去进行生死磨炼，在战火中成长起来的人才是真正的人才。**

我的很多员工，入职后参加完公司的统一培训后，我就会亲自带他或者找一个成熟的销售陪他去拜访客户，让他看和听别人是怎么谈客户的，回到公司后让他反思如果这个客户让他来谈他会怎么谈，并进行角色扮演，让他进行演习。这就是后来广为流传的阿里巴巴 16 字辅导真言——"我说你听，我做你看，你说我听，你做我看"。

通过每天持续不断的实战和演练，员工从菜鸟一步步成长为销售精英，我们的队伍也因此越来越有战斗力。

以战养兵、养团队，是最好的培养方法。

（3）用人

要大胆用人，善于用人，不要求全责备，否则很可能无人可用。

用人的真正核心在于不拘一格地选用人才。如果某个员工非常优秀，在某个方面却存在短板，该不该用？面对这种人，很多人会有所顾虑，担心无法驾驭。其实，这时你应该大胆一点。如果他没有致命的缺陷，是可以为你所用的。而且，有的时候，随着他的成长，原来的短板也会慢慢补齐。

比如程维，当时面试时我们聊了大概 40 分钟，我感觉他冲劲极强，有狼性，有野心，但是也有点刺头。但我要的就是他那种开拓新市场的冲劲，所以我第一个录取的就是他。

再比如我在阿里巴巴时的一个下属，他的特点是狠、猛、速度快，能出结果，缺点是路子非常"野"，不走常规路线，其行为常让人目瞪口呆。有人不太敢用这种人，但我却发现他是带团队的一把好手，于是便用了他。后来他也从阿里巴巴投奔了赶集网。在赶集网，他负责带一个原来业务水平很差的团队，在他的带领下，这个团队创造了公司第一的业绩。

通过招人、育人、用人把骨架搭起来之后，我们还要思考一个非常重要的问题：怎么让你的骨架不散？

答案是要建立信任。

很多公司是互害文化：CEO 与合伙人之间常怀有戒备之心，很难做到完全信任；部门与部门之间互相戒备，在需要协同的时候不配合，在出现问题时互相踢皮球；上级对下属不信任，总觉得对方会偷奸耍滑、偷工减料；员工与员工之间也不信任，生怕对方抢了自己的业绩……这样的团队看上去是一支团队，其实人心早就散了，如同一盘散沙，毫无战斗力。

我们一定要在团队中建立信任，只有相互信任的团队，才能拧成一股绳，劲儿往一处使，实现自我驱动。

怎么建立信任？一是要尊重人、关爱人。每个人的人格都是平等的，如果你尊重下属，"士为知己者死"，下属就会因为得到了认同和赏识而努力拼搏。

二是要把握契机，深入沟通。多和你的团队成员沟通，打开心门，信任就会自然而然地产生。我到赶集网后，老杨让我和他在一间办公室办公，他坐在西边，我坐在东边，这样一来我们每天就会有很多次面对面交流，因此快速建立了信任。

3. 激活团队机能

搭好骨架后，你还要让你的团队跑起来，这时，你需要做的是激活团队机能。

怎么激活？主要通过以下几个方面。

（1）建培训体系，强健团队的体魄

一个直营运营团队的员工基本上可以分三层，自下而上分别是基层员工、中层员工、高层管理者，与之相应的，培训体系也要分为三大模块。

一是针对基层员工的基本技能培训，教他们怎么拜访客户，怎么给客户打电话，怎么给客户发邮件，等等，帮助他们更好地适应工作，在工作中做出成绩、拿出结果。

二是针对中层员工的管理技能培训，教他们怎么招人、怎么搭建人才梯队，怎么承接战略制定策略，怎么横向和纵向地整合资源，让多个模块的团队能够协同，实现从战略到执行力的转化。

三是针对高层管理者的领导力培训，教他们如何管理一个业务单元，比如人、财、物等资源如何配置，业务体系、组织体系、人才体系如何匹配，如何让组织能力更上一个台阶，等等。

（2）建合作机制，让骨架之间联动起来

团队合作非常重要，**一个人无论能力有多强，都要通过与他人配合来发挥自己的作用，只有相互配合才能获得好的绩效**。要想激活团队机能，建立合作机制是必不可少的。

团队的合作机制是由多个部分组成的，其中一个重要的合作机制是分享机制。我在阿里巴巴的时候，我们团队每天都会进行内部分享，大家互相交流今天出去跑了哪几个客户、某个客户是怎么拿下的、客户反馈我们的产品好在哪里、今天最大的收获是什么，等等，有经验互相学习，有问题群策群力去解决。这样不但使我们的知识和经验得到了普及和共享，更让团队的能量实现了共振和升华，对团队和个人的成长都有非常大的帮助。而且，**教学相长，一个人既是老师又是学生，这种学习方式是最高效的**。

还有一个重要的合作机制是奖惩机制。**给做得好的人一定的奖励，给做得不好的人惩罚，这样才能鼓励先进的人越来越先进，鞭策落后的人摆**

脱落后的局面。

奖惩要分明。有些领导者在批评员工的时候很痛苦，本来要批评员工，却先花几十分钟表扬他，表扬之后再隐藏性地说几句批评的话，批评之后，又觉得好像不太对劲，然后又表扬他几句……员工走出去之后，一头雾水，不知道自己是被表扬了还是被批评了，甚至还觉得挺好，丝毫不会有所改变。等到领导者用这样的方式"批评"员工三四次之后，员工仍然不改，领导者就会觉得这个人不合格，要把他开除。但是，员工却感觉自己很无辜，因为"你不是表扬了我三四次，说我挺好的吗？"。

奖惩还要公开透明、公平公正，不要搞暗箱操作，不要搞平均主义，这些都不利于团队建设。

通过这种系统化机制的设计，实现每天、每周、每月、每年的滚动增幅，你的团队就会越来越强。

（3）建激励体系，让员工保持激情

我们首先要明确一个基本的认知：激励不仅仅有物质激励，更重要的是精神激励。要把团队机能激发到最大的程度，就要让精神激励充分发挥作用。

首先，持久的激情靠军魂创造土壤。当一个员工来到你的团队，他的诉求是什么？钱肯定是其中之一，但可能不是第一位的，尤其是那些刚刚参加工作的大学生，他第一想要的可能是归属感：这里的土壤我喜不喜欢？能否跟我的内心产生共鸣？其次是价值感：我是不是有足够的发展空间？能不能跟公司共担责任、共享利益？所以，要想把团队机能推向激情化、强悍化、持续化，必须提供合适的土壤。因为不是什么样的土壤都适宜生长，沙漠里一定长不出茂密丰盛的森林，水土丰美、气候适宜才是森林形成的基本条件。

其次，成长的空间是不断激发激情的原动力。人人都需要成长的空间，如果你能给员工一个发挥价值的平台，让他能看到自己的未来，就能激发他心中的热情。

当然，只有精神激励也是不够的，等公司成长起来后，你应该给予员工适当的物质回报，比如建立股权激励体系，这是继续激发员工激情的物质条件。

阿里巴巴有 P 系列、M 系列晋级体系，这让每个员工都感觉到自己在这里发展很有希望，所以才会心甘情愿地投入时间和精力为公司服务。

早期的阿里巴巴还有一个值得借鉴的地方——股权分散制，当时，阿里巴巴基本实现了全员持股。这样一来，大家都是小股东，公司的利益与每个人都息息相关，大家当然都愿意为公司付出和负责，为公司的可持续发展考虑，并为客户持续不断地创造价值。

赶集网的激励体系也是一样的。我刚去赶集网的时候，发现它分享给员工的股权比较少，不到总估值的 5%。于是我就向公司董事会申请，将股权激励的份额提升到 15% 左右，并设计了目标导向的股权激励机制，把所有员工的日常行为与业绩结果和公司的未来发展紧紧地捆绑在一起，只要员工有本事给公司做出贡献，就有资格获取某个阶段某个层面的股权。全员激励体系建立起来后，赶集网的增长速度就不断取得突破，就连销售淡季（每年的 2 月份、5 月份、10 月份）业绩也照样旺，旺季则更加旺。

以上这些都是激励团队的常规手段。除此之外，要想让团队士气一直保持最高涨的状态，就不能忘了人性。每个人都希望成为人群中的佼佼者，并因此不由自主地与他人竞争，所以，日常的 PK 和激励才是人性管理的根本。洞察人性，利用人性把团队表现激发到极致，也是强化团队和组织能力的重点。

4. 建立行为准则

在建设直营运营体系时，建立行为准则是非常重要的一步。

具体怎么做呢？首先是基于市场做推理。举个例子，在阿里巴巴的时候，我们首先会做市场容量的测算，看看从市级到县级再到镇级不同区域目前总体的客户量是多少。我们分四个维度统计市场的容量和增长的趋势：

- 已经进到公司 CRM 系统且已经合作的客户量
- 已经进到公司 CRM 系统但还没有合作的客户量
- 在公司 CRM 系统外的潜在客户量
- 工商局每天新注册的客户量

测算以后，我们再去看员工服务客户的频次是怎样的，比如他一天要拜访多少个客户，其中多少是有效拜访，每天必须开发多少个新客户才能保证业绩增长的目标，拜访完一个客户以后，他必须在多长时间内二次跟进，等等。尽可能把所有的关键点都提炼出来。

以这些关键点为基础，就能形成对全体员工适用的标准。比如当时阿里巴巴的考核标准包括一天至少要拜访 4 个客户，并开发 1 个新客户。

因为我建团队的时候对员工的筛选是比较严格的，员工的意愿和自驱力也比较强，所以我们团队的很多员工每天的客户拜访量不低于 7～8 个，相当于公司要求的两倍，而且其中 2～3 个是新开发客户。这相当于我们团队的效能是其他人的 2 倍，所以别人根本没法与我们竞争。

5. 建立目标管理机制

如何让团队持续突破，不断迈上新的台阶？这是目标管理机制要解决的问题。我总结的目标管理机制很简单，就是三句话、九个字：**定目标，追过**

程，拿结果。

（1）定目标

要想让你的运营体系一年比一年好，定目标是非常关键的。要想定好目标，你首先得学会预测，主要是做好以下三条线。

第一条，峰值线。将团队若干年或月、周、天的历史峰值数据提炼出来，画成图表，你会看到一条让人非常激动的峰值线。

第二条，起跑线。团队现在的业绩值是多少？这个数据就是团队现在所处的位置。

上面这两条线都是通过搜集、梳理数据就可以得出的，而第三条线预测线需要你和团队成员一起讨论才能得出。

我问了很多公司，它们通常采用的定目标方式就是把一个非常随意的预测值给到老板，老板给这个预测值打 8 折或者 8.5 折，然后报给董事会。但是这样定出来的目标是很难完成的，因为谁也不知道这个预测值是好是坏，是不是与团队的能力相匹配。这说明管理者对团队工作的进展和结果的过程管控基本为零，是很盲目的。

那预测线应该怎么做呢？一定不能比起跑线低，而且要充分参考峰值线。

预测线跟历史峰值可能有差距，因为峰值通常是很高的，那么我们就要分析：达到峰值的时候实行了什么措施，做对了什么，有什么特别情况，竞争形势是怎样的，等等。做好差距分析，才知道现在的措施与峰值时有什么差异，应该采用什么样的措施去弥补差距，这样你的预测值才是有价值的。

由此可见，**定目标不是简单地定一个数字，而是要找到目标背后的影响因素**。

这三条线定完以后，你就知道目标能不能完成，有多大把握，要完成需要提供什么支持，等等。这样整个前中后台就联动起来了，资源才能实现整合，你再也不是单兵作战了。

　　很多公司的直营体系前后脱离，更有甚者前后台互相争斗，比如营销部门与财务部门、销售部门与市场部门经常发生冲突，因为它们的目标没有统一。而如果这三条线是大家一起讨论得出的，那各个部门就都能理解目标为什么是这个，自己必须提供的支持是什么，这样公司的愿景跟战略才更易于实现。

　　（2）追过程

　　定完目标以后，**目标是通过过程实现的，而过程是"追"出来的**。

　　要想追到位，你一定要将预测值做到最小的颗粒度。每一个结果（比如拜访量、新客户开发量）一定是有与之关联的过程的。比如，多少次拜访才能签下一个单，多少个新客户开发才能产生一个有意向的、可签的潜在客户，多少次二次拜访才能导致成交，都是要经历一个过程的。你去追这个过程，才能给团队制订行动计划。

　　具体怎么追？先追到团队。你可以通过 CRM 系统看后台数据，看看整体的拜访量、新客户开发量是多少，与你想要的结果之间有什么差距，你就知道这个团队是不是出了问题。在月初和月中的时候，你基本就知道这个月的目标能不能实现了。

　　然后再往下追，追到最小管理单位，比如主管。最后再追到个人，看看这个团队中哪个员工不能实现自己的目标。这样你就知道是谁拖了后腿，然后对他进行单独辅导，帮助他提高自己的水平，让他不再成为团队的短板。

　　追过程是很辛苦的，需要极大的付出，还好现在很多企业都引入了数字化系统，能迅速地进行数据搜集、分析，使管理者能更便捷地找到问题点。

　　（3）拿结果

　　过程追完以后，就要拿结果了。那什么是结果呢？如果你以为所谓的结果指的就是最终的结果，那就错了，这样你永远拿不到最终的结果。

　　你至少要把最终的结果前置为两种"结果"。

第一种是过程的结果。比如一个员工要做到销售冠军，他一天至少要比常规的拜访量多出 1.5 ～ 2 个，比常规的新客户开发量多出 1 个。这就是他应该追求的过程的结果。

第二种是结果的结果。什么叫结果的结果？比如如果你一天能做到最多次数的拜访、新客户开发或二次跟进，也就是说，你能在单位时间里拿到最高的过程结果，那你的产出也一定是最高的，也就拿到了结果的结果。

如果这两个结果都实现了，我相信你最终的结果也就出来了，你的业绩就一定不会差。

所以，在拿结果的过程中，不要只追求最终的结果，过程的结果和结果的结果更为重要。从管理机制来说，你只要设定好目标，追好过程，得到结果也就是自然而然的事情了。

通过这五个步骤，直营运营体系就建立并运转起来了。但是，你的团队是否高效呢？想要评估这一点，你需要检查以下几个指标。

第一，业绩是否出众。比如你做了 25 个月的主管，你的团队业绩有 23 个月排第一名，有 2 个月排第二名，那你的团队一定是非常高效的。

第二，内部的流程和过程是否清晰。流程顺畅，过程清晰，沟通才会非常有效。

第三，团队是否有所成长。团队有成长，说明业绩好，员工的收入自然高，成就感也足，那这个团队的战斗力一定不会差。

当你用这三个指标对你的团队进行检验，发现它非常高效时，你的直营运营体系的建设就真正完成了，接下来你要做的就是带领这支高效的队伍在市场上开疆拓土，攻城拔寨。

10.3　渠道模型：以协同与合作实现共赢

直营模型很有效，但需要的投入非常大，绝大部分企业都不适合这种模式。那么，资金不太充足的中小企业应该采用什么运营模型呢？答案是渠道模型。我将其称为"海军模型"，因为它是通过各个渠道商打造一支人力充足、协同合作的"海军"来进行运营的，能够以低投入获得较高的收益。

做渠道有很多讲究，要建立一支"海军"，没有长时间的摸索和经验积累，是很难玩得转的。与直营运营体系相比，渠道运营体系的建设需要更多的时间，因为它是以企业为主体的合作。从执行的维度来说，在直营运营体系中，从高层到员工通常只有 3 个层级，而渠道运营体系可能需要经过 6 个层级才能触达用户，因为从厂方企业的高层到一线渠道管理人员有 3 个层级，从第三方渠道代理商的高层到一线执行员工又有 3 个层级。

所以，海军模型的特点是业务流程相对更长，组织建模也更费时间，但一旦建起来，就会有很强的生命力。

那么，海军模型具体是什么样的呢？接下来，我将详细讲解。

1. 海军模型的分类

海军模型可以分为控制型渠道模型、双赢型渠道模型和生态型渠道模型三种渠道模型。这三者各有其特点，如表 10-1 所示。

表 10-1   三种渠道模型的特点

分类	特点	收益来源	适用产品
控制型渠道模型	单一产品，广招代理商，优胜劣汰。代理商没有商讨余地，被工具化使用	佣金返点	产品极度简单，不需要培训
双赢型渠道模型	单一产品，精选独家代理商，辅以绩效考核，代理商利润取决于返点政策。一旦返点降得过低，代理商极有可能退出	佣金返点	标准化产品，需要培训赋能
生态型渠道模型	以一个核心产品为基点，多元化延展，满足用户的多元化需求；不同产品不同返点政策，代理商有更大的返点操作空间，收益可控	佣金返点＋生态收益	标准化产品＋生态产品，需要培训赋能

（1）控制型渠道模型

控制型渠道模型，就是我有利，你需要获利，那你不需要做任何其他动作，按照我说的执行就行，用四个字来总结就是"听话照做"。

早期的渠道运营基本上都是控制型，比如 3721 的渠道模型。

3721 由周鸿祎于 1998 年创立（2003 年被雅虎收购），提供中文上网服务，用户无须记忆复杂的域名，直接在浏览器地址栏中输入中文名字，就能直达企业网站或者找到企业、产品信息。它所采用的运营模型就是典型的控制型。

3721 通常会直接甩给渠道代理商一个协议，里面的条款都是拟好的，没有任何商量余地，渠道代理商只能选择签或者不签，签了协议就立即生效。但是，协议里有一个霸王条款：这个协议最后是否持续生效是由甲方来决定的。也就是说，如果哪天 3721 觉得某家渠道代理商没有利用价值了，就可以凭借这一条款结束合作，解除协议。在合作过程中，3721 不会对渠道代理商有任何赋能，没有技能提升，也没有管理培训。这导致的结果是，它拼命在市面上找渠道公司。

在控制型渠道中，渠道代理商是很可怜的，因为厂方都是在市面上找现成的渠道代理商进行合作，不断筛选、淘汰，只有强者才能胜出。

（2）双赢型渠道模型

随着社会的发展以及互联网公司的快速崛起，很多人开始认识到渠道的力量。于是，过去那种野蛮粗暴的控制型渠道模型逐渐被淘汰，双赢型渠道模型则慢慢演化出来了。

双赢型渠道模型，顾名思义，就是把第三方渠道代理商当成合作伙伴，追求双方的共同成长和获益。

百度采用的就是双赢型渠道模型。

很多人或许并不知道,百度早期的营收都是靠渠道代理商做出来的。它在全国的渠道代理有很多,根据我早期的一个统计,这些渠道代理商的一线员工加起来总共大约有 9800 人,规模非常之大。但百度的渠道管理人员并不多,只有几十个人。用几十个人带动将近 1 万人,效率之高令人惊叹。

而且,百度在每个区域都有独家代理公司,它会对独家代理公司进行精挑细选,选好之后再对其赋能,派渠道管理人员对代理公司的员工做系统培训,进行业务赋能,协助它们梳理团队,这样代理公司就可以少走很多弯路。

所以,百度当时涌现出了很多非常厉害的渠道代理商,有些甚至一年能为百度创造十几亿元的销售额,当然,它们也因此获得了丰厚的佣金,真正实现了双赢。

但是,双赢型渠道模型也有一个缺陷,就是当这家公司想要上市或者提高利润的时候,就会降低渠道代理商的返点。最后的结果是,渠道代理商的利润越来越低,在无钱可赚的情况下只能主动退出。

(3)生态型渠道模型

在对这两种渠道模型进行观察后,我发现它们都不能最大化地发挥渠道的作用。当我接手阿里巴巴渠道体系时,我一直在思考,用什么样的模型能把"海军"也纳入阿里巴巴的体系。我希望"海军"与阿里巴巴能长期共生,而不是只做阿里巴巴的附庸或者工具。

于是,生态型渠道模型应运而生。

生态型渠道模型就像一片原始森林,其中既有参天大树,也有攀附着大树生长的藤蔓,还有躲在大树下面肆意生长的灌木、花草,花草下面还有成片成片的苔藓，等等。各种生态聚合在一起，共同形成了生机勃勃的原始森林。

这个生态体系里的各种生态存在着依附关系。比如藤蔓，因为攀附着大树而越爬越高，长得也越来越茂密，甚至会成为其他一些草本植物依附的对象。

我的生态型海军模型有两个核心点。

第一，渠道运营的主营产品必须是厂方的，就像诚信通产品是阿里巴巴的，竞价产品是百度的。

第二，生态中的产品有两个来源，一是厂方与渠道代理商共同研发的产品，二是渠道代理商根据市场和用户端的需求新研发的产品，我们将其称为生态产品。这是生态型渠道模型与控制型渠道模型、双赢型渠道模型最大的区别，后两者都只运营一个产品，且都是厂方设计的。

由此可见，生态型渠道模型的一个典型特点是产品的多元化。在厂方主营产品的基础上，渠道代理商可以衍生出更多的生态产品，这些生态产品可以产出更多的收益。这样作为渠道代理商就会更有保障，因为即使厂方将主营产品的佣金降低为零，他们仍然可以从生态产品中获得丰厚的利润。

这个模型既能满足厂方的无限需求，也能满足渠道代理商的无限需求，两个无限并驾齐驱，同步向前发展，这是生态型渠道模型的关键所在。

那么，阿里巴巴是怎么应用生态型渠道模型的呢？

阿里巴巴早期做渠道的时候只有一个产品，就是诚信通，它是一个售价2800 元的会员制产品。其实阿里巴巴的渠道代理商光靠卖诚信通这一个主业也能赚钱，但这种赚钱方式可能会出现问题。第一，渠道代理商从中赚到的钱不会太多，因为佣金总是有限的。第二，渠道代理商对阿里巴巴的依赖性很强，如果阿里巴巴像百度一样降返点，它们的利润就会大幅度下滑，收益下降，服务水平自然也随之会下降，就会影响到阿里巴巴用户的体验。

基于此，我采取了三个策略。

第一，主营产品是我们的核心，所以我们要把主营产品的运营做到极致。

第二，我们要把用户体验做到极致，要用各种方式驱动"海军"把用户服务得更好。

第三，主营产品应该逐步地形成以阿里巴巴为主，以渠道代理商为辅的利润分成方式。而基于主营业务衍生的其他生态产品，我们只拿少部分管理费就可以，这样一正一负、一负一正形成了动态的平衡。所以，即使阿里巴巴降低主营产品的返点，渠道代理商仍然能通过生态产品获得不错的收益，它们的整体收益是不受影响的。

在这种情况下，渠道代理商们投入很大的人力、财力去研发生态产品。比如，在阿里巴巴的诚信通中，商家要上传商品的照片，照片拍得好坏，会极大地影响用户的购买意愿。这时，渠道代理商就衍生出代拍摄的服务，这既满足了商家的需求，帮它们把产品更好地展现出来，也能提高用户的满意度，使用户更愿意购买这个产品，可谓一举多得。

就这样，渠道代理商们研发出的生态产品越来越多，渐渐地，生态就建起来了，渠道模式也越来越健康。

为了从生态产品上赚到更多的钱，渠道代理商还不断地扩大自己的团队。因为团队扩大以后，它们可以圈到更多的"地皮"（客户），在地皮上播种，获得更多的生态收益。如果它们没把"地皮"圈进来，就很难有生态的扩展空间。而它们扩展的"地皮"越多，对诚信通销售的正向提升就越大。

最后，阿里巴巴与渠道代理商之间就形成了一个双轮驱动的飞轮模型，一轮是满足阿里巴巴的需求（获得主营产品收益），一轮是满足渠道代理商的需求（扩大生态收益），双方各取所需，紧紧地捆绑在一起，共同促进，共同增长。

2. 渠道运营的底层逻辑——契约精神

在渠道运营体系中，要想更大程度地激发渠道代理商的主观能动性，必须打造一种契约精神。这是渠道运营的底层逻辑。

什么是契约精神？它是以双方共同遵守某种游戏规则为前提的一种默契的、相互信任的精神。这说起来简单，真正做起来是非常困难的。

举个例子，很多公司在用海军模型时都会犯一个错误——跟渠道代理商之间只签一个季度或者年度协议。那么，协议到期后，对方怎么办呢？如果不能和你继续合作下去，他前期的投入就打水漂了，因为从投入到回报是有周期的，有时可能要半年以后才有回报，有时甚至要一年以后才有回报。因为担心做无用功，在这种情况下，渠道代理商很少愿意长期投入经营代理的产品。

在我接手阿里巴巴渠道体系的时候，它的协议是一年一签的。很快我就发现，很多渠道代理商其实资金很雄厚，但却不愿意投入，我问它们为什么，它们告诉我，要服务更好的用户，需要很多本土化的员工，那就要招人、扩场地，动辄花费几百万元，但合同只签了一年，如果明年不续约了，这么做岂不是成了冤大头？

如此种种，导致渠道代理商不会把心掏给你，不会把自己所有的东西全部投入进去，和你一起把产品和服务持久地带给用户，协助你把公司做大，这是缺乏契约精神给企业带来的一个非常大的损害。

那么，契约精神究竟该如何打造？有人会说，那就签一个长期协议。这或许能发挥一点作用，但治标不治本。契约精神绝不是签一个长期协议就能解决的，你真正要做的是让双方都对彼此产生深度、持久的信任，都非常认可共同建立的行为准则。

要实现这一点，**第一，你要尊重对方的自由，要给渠道代理商选择权。**

我当了渠道部总经理后，把第三方渠道代理商分为三类。

- 第一类：头部和第一梯队，其业绩在所有渠道商中占 60%，拥有绝对的话语权和代表权。
- 第二类：第二梯队，经过培训和发展，有望在不久的未来进入第一梯队。
- 第三类：第三梯队、数量最多的渠道商，经过我们的长期孵化和培养，未来有望进入第二梯队。

每个梯队选择 2～3 个代表，让他们和我们自由对话，我们把条款告诉对方，让他们提意见和建议。如果他们觉得协议不合理，也可以选择不加入我们的体系。

第二，对话一定要是平等的。作为厂方，不要有甲方心态，总想凌驾一切规则，什么事都自己说了算，这样的对话是不会长久的。相反，我们应该怀着合作的心态去与渠道代理商沟通。双方坐下来谈的时候，都要本着平等的态度去看这个条款是不是能够让双方平等互利地发展。这时，渠道代理商才会愿意去看这个条款，站在有利于厂方、自身和客户三方的角度去思考这个条款是不是合理，思考怎么设置才更有利于推进共同的事业。

第三，条款确定、协议签完以后，不能随意更改。我经常看到有些公司在签完协议后，还会不断地改动其中的细节，比如价格会变，服务期限会变，进入门槛也会变。因为这种不守信行为的存在，渠道代理商才会与厂方博弈，不愿意付出全力去服务客户。要想杜绝这种现象，签完协议后，就要承认它的有效性，绝不能随意改变它。

遵循自由、平等、守信的原则，契约精神就能在双方心中扎根发芽。

3. 布局之道

要想把渠道建设好，有一件事不可或缺，那就是布局。一般人只会行动，不会布局，但**布局往往决定了你能不能走到终点**。

接下来，我会从道、理、术三个维度来阐述如何布局。

海军模型的布局之道要遵循两个基本原则。

第一，坚持初心，以初心为指引。很多人走着走着就忘了自己的创业初心，这样的人难成事，不长久。你要牢记你的初心，并且在初心的指引下，思考运营模型应该怎么建设，这样才能打造出真正符合你需求的渠道体系。

第二，要以终为始，有终局思维。你最终要把这个产业做成什么样？你要把你的用户服务到哪个层次？以终局为起点来进行思考，你会更清晰地看到搭建什么样的渠道是最合适的。

早期阿里巴巴为什么要建"海军"？因为当时的阿里巴巴有一个目标——未来一到两年签约的客户超过 100 万。而我接手渠道体系的时候，签约客户只有 60 多万，为了实现这个目标，我就开始进行渠道布局。

怎么布局呢？很多人说，招商就行了。这个答案对，但也不对。说对是因为建渠道的确要找代理商，说不对是因为有了代理商也不代表你的渠道就能建立起来了。如果你拼命招商，但是招到的代理商不合适，客户投诉很多，你就会每天疲于解决各种纠纷，非常痛苦。你必须认真思考为什么要招商、要招多少代理商、要招什么类型的代理商，要有清晰的规划。

这就需要出局看局，跳出来从三个维度看待阿里巴巴所面对的市场。

第一，市场在哪里？有多大规模？

第二，我们所面对的市场分哪几个行业？比如纺织行业、工业品行业、互联网行业等。

第三，区域是怎么分的？是分为东部沿海区域、西部内陆区域，还是按南北方来划分？

从这三个维度去调研、总结、深挖，就能对市场有很深的了解了。

我在阿里巴巴带渠道的时候，采取了两个行动。

第一个行动是派 3 个市场专员去不同的省份做调研，把每一个省份市场的存量客户（不限于我们当时签约和断约的客户）、连续多次合作的客户、品牌客户、口碑好的客户全部统计出来，得出了 34 个省份、不同行业的详细市场数据。我把这些数据全盘了一遍，并进行了深入的分析。这一行动花了一个多月的时间。

第二个行动是带着团队花了一个月的时间去讨论和研究每个行业怎么打、先进入哪个行业、区域应该怎么规划、招多少代理商、组织怎么搭建等。比如，在某个城市，我们根据当地市场的客户容量，以及未签约、已签约和断约的客户规模，确定了当地的极限是可以容纳 2000 个代理人员。

然后我找到了当地的一个渠道代理商，他愿意拿出百人规模的团队来做这个事情，我们双方又坐下来探讨他未来 3 年的发展规划。我告诉他，3 年以后，如果他做到 1000 人的团队规模，这个市场就全给他。但是如果他没有达成这个目标，我就会引进竞争方，找第二家渠道代理商，让他们互相竞争，以推动他更快地投入。

这样，把全部市场都罗列清楚，所有的用户情况、用户状态和用户的分布密度全都掌握了，对如何建渠道就心中有数了。

4. 布局之术

具体怎么建呢？这涉及术的层面。

（1）人力组织测算

人力组织测算是指测算某个地方到底需要多少靠近用户端的服务人员，

主要通过以下四步来进行。

首先看人效。一个员工上门拜访客户一天的成果，按平均来说是 4 ～ 5 家客户。[⊖]

其次看周期[⊜]。在对一个客户进行第一次拜访后，如果三天后不去进行第二次拜访，那么，你再去拜访他就等于新的拜访，因为客户的认知是有时限的，三天以后他就已经忘记你了。第二次拜访通常花六天左右的时间能把用户拿下，如果第二次不能拿下客户，那可能要两周或者一个月后才能做到。第一次拜访的成交概率是相对比较低的，第二次拜访的成交概率是最高的，大概能达到 60%。因此，我们把成交周期定为六天。

再次看规模。用当地的客户数量除以周期，再除以每个人每天平均拜访5 家客户的极限人效，这个地方到底应该有多少代理人员就非常清楚了，这就是人员规模。

最后看时点。这包括在什么时点招人，刚开始招多少人，后面再招多少人。我经过测算，设计出了一个非常精细化的数据模型。

通过这四步，渠道的规模和分布就测算出来了，整个市场也被我研究透彻了。这之后，我才开始招商。当时，我派了很多人到各个城市负责招商，并告诉他们具体的招商需求：第一，渠道代理商要首选有互联网基因的；第二，渠道代理商的规模至少要在 20 人以上，不能从零开始；第三，渠道代理商要有一定的资金实力，因为需要他们持续投入。

谋定而后动，我们只花了 3 个月的时间，就陆陆续续招了 200 多家代理商，基本上把全国 34 个省市的点都铺满了，布局初成。

⊖　每个人一天的时间都是恒定的，刨去吃饭和休息的时间，剩下的能用在工作上的时间也就 8～ 10 个小时，最多 12 个小时，这已经是饱和状态了。再根据路程的测算，路线规划好的话拜访会高一些，规划差一点的话，一天也跑不了几家，所以我们按平均来算，每个人一天最多能跑 4 ～ 5 家客户。

⊜　周期指的是从获取线索到成交一个客户的周期，取成功率最高的周期。

（2）建立市场机制，进行系统赋能

布好局只是开始，实际上很多企业的"海军"之所以建得不好，有一个共同的原因是赋能不够或者赋能比较单一，不是全方位、系统地去赋能。系统赋能至关重要，因为**系统赋能能激发渠道代理商的潜能，让它们爆发出强大的力量，和你一起朝着互利双赢的方向把公司做大。**

要做到系统赋能，关键是建立市场机制。

在建立市场机制时，切忌闭门造车，因为这样打造出来的机制很难令用户满意，而且，渠道代理商也对其缺乏认同感，不愿意执行。我们应该遵循三个基本原则。

一是平等互尊原则。比如阿里巴巴会与渠道代理商的代表们商谈，和他们一起讨论怎么建市场机制才能更好地服务用户，同时也能让他们的公司发展更好。

二是合作共赢原则。市场机制既要符合厂方的需求，也要让渠道代理商有利可得，实现双赢。

三是用户满意原则。用户至上是最重要的准则，因此，市场机制一定要维护用户的利益，要不断提高企业的用户满意度。

基于这三个原则建立的市场机制才是有效的。当然，在这个过程中，还有几点需要注意。

第一，客情关系一定要高度一致，不能分割。

过去，阿里巴巴给渠道代理商的 KPI 只有新签，没有续签，这意味着渠道代理商只需要把客户拉进来，后面的事情就与他无关了，做的是一锤子买卖。大家都知道，拉新客户是最难的，维护老客户相对容易，但如果渠道代理商不能续签客户，客情就断掉了，这是非常影响用户体验的。而且，很多交易的达成本就源于缘分，换了新的人来服务，很可能不对用户的胃口，导致他们续签的意愿大大降低。

第二，机制一定要公正透明。有的企业虽然不大，但很多政策都是单向的，甚至会单独给某个渠道代理商制定政策，这种不公开、不透明的市场机制，会极大地破坏厂方与"海军"之间的信任。

第三，战略运营的重点要突出，要想清楚自己要的是什么。比如阿里巴巴的运营重点很简单，就是服务好用户，让用户的满意度达到最大。为此，阿里巴巴努力实现代理人员的本土化，让了解用户的人去服务用户，并且给这些代理人员平等的话语权和共赢的机会，让他们带着愉快的心情去服务。

第四，要划分渠道代理商的层级，进行有针对性的管理。

阿里巴巴对渠道代理商的层级划分值得很多企业借鉴。

阿里巴巴把代理商分为核心代理商、准核心代理商和非核心代理商，其中，核心代理商又分成钻石代理商和金牌代理商两类，银牌代理商是准核心代理商，铜牌代理商是非核心代理商。具体的级别划分标准如表 10-2 所示。

表 10-2　阿里巴巴代理商级别划分标准

代理商级别	代理商级别划分标准
钻石代理商	新签：300 单 / 月 续签：50% 续签率
金牌代理商	新签：225 单 / 月 续签：48% 续签率
银牌代理商	新签：150 单 / 月 续签：46% 续签率
铜牌代理商	新签：80 单 / 月 续签：43% 续签率

注：1. 代理商级别每个季度考核一次，续签政策每 3 年调整一次（表格中的新签数字只是举例）。

2. 续签与新签联动的考核机制：每个客户新签时由系统自动打上当期内代理商对应的级别标记，续签佣金按照标记的层级进行发放。

3. 断约客户的续费不计入渠道商续签客户计算范畴。一次性新签 2 年的客户计入渠道商的续签率考核指标，不另算续签佣金。

铜牌代理商通常只有 10 ～ 20 人，规模比较小，战斗力不会很强，所以给它的指标不会很高。银牌代理商就稍微有点规模了，战斗力也会更强一些，必须给它一个更高的任务指标，它的返点也会更高，拿到的利益更多。金牌代理商和钻石代理商承担的任务更重，因为人员规模更大。

这样的层级设置，让渠道代理商也有了成长的空间，驱动着他们扩大团队，增加场地，提升员工的战斗力，把自己的公司做大做强。

第五，引入智能化工具。

有些企业的渠道代理商有几百家，管理起来很困难，这就需要引入智能化工具。比如阿里巴巴给所有渠道代理商都配上了 CRM 系统，我每天在办公室只要点击电脑，就能看到全国所有代理商的业务开展情况，通过授权设置还可以知道每个代理商团队的情况。信息和政策传达也很快，只要往CRM 系统里面一推，所有代理商老板就都能看到了。

当然，智能化工具的推广并不容易，不是所有人都愿意接受新鲜事物。阿里巴巴推 CRM 系统推了差不多三个月，很多代理人员仍不会用，我们就手把手地教他们怎么使用，或者请渠道代理商中做得好的员工分享怎么用CRM 系统提高拜访能力，怎么用 CRM 系统提醒哪些客户什么时间该服务了。用这种传帮带的方式，我们迅速地把 15 000 名代理商全部教会了，这大大降低了我们的管理成本。

5. 赶集网的渠道实践

我在赶集网做 COO 时，正是用海军模型帮助赶集网在与 58 同城的大战中反败为胜的。这个渠道实践案例可以为很多想要采用海军模型的企业带来启发。

我上任之后，先是调研赶集网的用户，以及它在市场上的主要竞争对手

58 同城的用户，前后花了两三个月时间。我发现，赶集网的用户分为两类，一类是个人用户，还有一类是企业用户，也就是付费用户。

我从北京、上海、广州这几个城市各抽出来 100 个个人用户，给他们打电话，了解他们的使用体验。在这个过程中，我发现在满意度方面，赶集网和 58 同城是差不多的，唯一的差异是很多人觉得赶集网的产品用起来更加方便，体验更好一些，但是迭代太慢。相比较而言，58 同城的产品迭代更快，新品的推出也更快一些。

然后，我又调研了赶集网一线城市的企业用户，我从房产频道、招聘频道和服务频道三个频道各选了 50 家企业用户，问它们"你为什么买赶集网的产品？你觉得赶集网和 58 同城的产品有什么差异？在分类信息平台中，你首先会买哪家的产品？"，并让他们对这两者打分。调查之后我发现，它们对赶集网和 58 同城的打分差不多，一个是 80 分，一个是 85 分，差距基本可以忽略不计。

我之前讲过，选运营模型要考虑用户群体和用户认知度，现在两家用户群体都差不多，品牌、市场、口碑也都差不多，该怎么选呢？我想一定要找到有差异的地方。后来，我又看产品的定价，发现赶集网和 58 同城的产品定价也差不多，无非是打的折扣不一样，比如 1 万元的房产端口，报价是一模一样的，只是一个打 8 折，一个打 7.5 折。这说明，产品定价也不能作为选择运营模型的依据。

既然如此，我决定以终为始来研究这个问题。我开始思考：这家公司未来将走向何方？我的判断是，赶集网用的仍是分类信息网站这种比较原始的互联网模型，还处在信息层面，再过几年一定会被淘汰，所以必须升级。但是它要怎么升级？我当时想到的第一个方向是，当它的信息极度丰富，用户数据大量沉淀下来时，可以切入交易。可是，在市场上的两大领先企业的产品定价、用户、品牌、市场、口碑都差不多的情况下，这条路也是行不通的。

接下来，我开始看竞争的维度。我发现两家企业的营收差距是很大的。58 同城上市时披露的财报显示，当时 58 同城已经有将近十六七亿元的年营收了，而赶集网的年营收只有一两亿元，根本没法与 58 同城比，双方根本不在一个量级上。团队的差距也很大，赶集网的团队有两千多人，58 同城的团队有一万多人，在这方面，赶集网明显处于弱势。

那么，58 同城是怎么获得竞争优势的呢？我想，这与它的运营模型有很大关系。在对 58 同城的运营模型进行分析后，我发现姚劲波非常了解怎么带团队，他在全国的 27 个省建立了分公司，打造了一支 58 铁军，这支队伍覆盖了这 27 个省的绝大多数核心城区，58 同城 80% 的业绩都是由他们创造的。而在其他的边缘区域，姚劲波招了一些渠道代理商，这些渠道代理商贡献了 20% 的业绩。

这时，我突然发现这是个巨大的漏洞，给我创造了一个一击致命的机会。

我算了一笔账，58 同城当时的直营团队大约有 12 000 人，光是人力成本加上管理成本、市场成本，一年差不多就要 2 亿多元。而我用海军模型建一支 15 000 人的"海军"团队，只需要招 30 个渠道管理人员，假设每个渠道管理人员的年薪是 15 万～20 万元，一年的成本加起来不过六七百万元。如果我们能使资金的使用效率达到极致，或许就能在这场与 58 同城的大战中获胜。

我把自己的想法告诉老杨，并且对他说："你现在要想打败对方，只有一个机会了，如果错失这个机会，再想翻盘就很难了。如果用海军模型，我认为一年时间就可以打败对手了。但是如果用直销铁军，即使是我来带起码也要三年。"

老杨对此有些犹豫，他一直觉得，想打败对手还得靠直销团队，应该加强直销。但他充分信任我的能力和经验，所以最终还是采纳了我的建议。

接下来，我就大胆采用了"海军"为主、"陆军"为辅的侧翼进攻方式。

为了迷惑对手，我还找了一个人带直销团队，给我的"海军"做掩护。

要打败对方，对标就行了——就在 58 同城建立了直营团队的 27 个城市里找渠道代理商。我先招聘了十几个渠道管理人员，让他们去招商，并制定了详细的招商标准，调整了代理政策，重新梳理了海军体系。

第一，所有合同一签 3 年。我的逻辑是，你要让对方给你做事，你就要信任对方，相信"海军"的实力是不输于直营团队的，基于信任，这件事才能做成。

第二，每年大年初一公布任务和返点政策，并且一年内保持不变。

第三，对渠道代理商划分级别，对它们进行有针对性的扶持，鼓励它们向更高的级别发展，给它们种下梦想的种子。

第四，对渠道代理商进行培训，比如建立渠道代理商大学，对渠道团队进行各种培训，提升他们的技能，帮助他们迅速成长起来。我还将直销的手段融入到了培训中，直销最常见的方式是会销，58 同城做会销也比较多，所以我把会销的能力也复制给"海军"，而且编制了标准化手册，让渠道代理商的员工按照手册去操作。

第五，引入 CRM 系统。过去赶集网是没有 CRM 系统的，我从头开始建立了 CRM 系统，我要用最精巧的模型、最极致的资金使用效率去打造最佳的运营管理。为此，当时我从百度挖来了几个 CRM 系统开发的人才，每天抓着产品团队、技术团队，拉上 CEO 坐镇，打造我理想中的这套管理工具。这套系统建立以后，核心的代理商先用上了，培训也跟上了，我们的管理轻松多了。

这一套组合拳打出去，赶集网的业绩开始迅猛增长，当年 3 月份就实现了同比增长 200%，而且这只是开始。原先这个行业的规律是每年 3 月份销售业绩到达顶峰，4 月份开始下滑，5 月份继续下滑，6 月份到达谷底，7 月份、8 月份重新开始提升。但我打破了这个规律，3 月份创造业绩新高后，4 月份的业绩又超过了 3 月份，5 月份、6 月份也都实现了环比增长。到 6 月份时，赶集网的业绩基本上达到了 58 同城的 75%。

到 7 月份，赶集网在原来被 58 同城压着打的华东地区的业绩竟然反超了对方 50%，58 同城这时才感觉形势有些不妙。到 10 月份，赶集网的业绩已经达到了对方的 88% ～ 90%，越来越多的区域实现了打平甚至反超。

在这样的情势下，才有了赶集网和 58 同城的战略合并。

后来，我们与 58 同城就合并问题进行了多次会谈，这个过程中，我根本没时间管业务，但是业绩仍在不断上涨。这恰恰证明了我的逻辑："海军"一旦建立，你要摧毁它太难了，因为它已经不再靠人为因素拉动，而是成了一个自我滚动的系统，就像飞轮一样，不断向前发展。

以上就是企业最常使用两种运营模型——直营模型与渠道模型，最后要提醒的一点是，这两种模型并不是互斥的，既可以单独使用，也可以结合使用，具体采用何种方式，要根据企业的实际情况来定。

第 11 章

运营模型的迭代与进化

11.1 洞察商业趋势之变

企业的发展主要由三大因素共同驱动。

第一个因素是用户。**所有企业最后都是服务于用户的，如果用户的形态和状态发生了变化，而企业的运营模型却不做调整，那么就会形成错位或者错配，运营效率就会大打折扣，企业就很难获得成功。**

第二个因素是成本。经过三四十年的高速发展，中国的经济环境、社会结构都发生了很大的变化，成本也随之发生了改变。成本的改变必然会对企业的发展造成极大的影响，需要企业即时做出调整。

第三个因素是竞争。竞争对手、竞争程度、竞争环境、竞争趋势等的变化都会影响企业。

企业的发展离不开运营，运营也深受这三大因素的影响。从本质上来说，这三大因素可以归结为"你""我""他"，"你"对应的是用户，成本的变化属于"我"的变化，而竞争则对应"他"。

接下来，我们对这三个因素进行详细分析。

1."你"——用户

近些年，90后、00后先后步入社会，他们以惊人的速度、庞大的规模成为消费主力军。这些新鲜血液的注入，使产品、服务面对的用户发生了很大的变化。

90后、00后给我们的印象与之前的80后、70后非常不同，他们思想活跃，开放自信，拥有独立思考的精神，追求个性化，希望实现自我价值，而且非常敢拼。中国有这样一群有拼劲又有独立性的年轻人，真的未来可期。

他们为什么会形成这样的群体特点呢？原因是多方面的。

首先，他们出生于互联网蓬勃发展的时代，亲身经历并参与了中国互联网史诗般的发展历程，是互联网甚至是移动互联网的原住民。他们的生活方式与上一代完全不同，从小就用QQ、微信等方式来进行沟通和社交，用各种线上方式进行学习和工作，用微博、抖音、快手等app来进行娱乐，用淘宝、京东等购物网站购物，这使他们获取信息的途径更丰富、速度更快，他们的认知和思维方式也因此发生了变化，他们很开放，能接受多元文化，同时又有很强的表达意愿。

其次，他们大多出生于"421"家庭，从小就受到了很多关注，几乎没有体会过生存的压力，因此他们比上一代人更有自主意识，更追求个性化，希望与众不同。他们有更强烈的情感需求，更追求精神的满足感。

第三，他们是在中国经济高速增长的时代成长起来的，社会环境的稳定、经济的发展、物质条件的优越，让他们更早地有了对钱的认知和自主支配意识，这使他们形成了独特的消费特点：消费欲望强，需求个性化，追求舒适、极致的消费体验，重视高品质，崇尚精神消费，对新技术、新概念、新风潮很感兴趣，容易被其吸引，同时有很强的意愿参与到新产品、新服务的设计和营销过程中。

总体而言，90 后和 00 后的生活方式、物质需求、精神诉求、行为意识以及消费习惯都大不相同。当用户变成全新一代，如果我们的运营思维和运营模型不变，那怎么能抓住他们的心呢？

2."我"——成本

成本对于企业至关重要，成本越低，企业在市场上的竞争力越强。近些年，随着我国社会发展的阶段性变化，成本也在发生变化。

前面我们讲过，中国的人口结构已经发生了很大变化，其中一个表现是劳动人口少了。对企业来说，这意味着招聘难度会提高，用人成本会增加。比如，深圳的某些电子厂原来只花 4000 块钱就能招到不错的工人，但现在工资涨到 6000 块钱还是没人愿意来。而且即便招到了，也不意味着工人们就能在这里稳定地工作，如果工作不顺心，他们就会选择离职。企业人工成本的急剧上升给运营带来了极大的难度，因为人力成本往往是一家企业运营支出的大头。这也推动了各类技术变革的出现，比如人工智能，它与商业的结合产生了无人驾驶、无人工厂、无人零售等新兴的产业。

3."他"——竞争

近些年来，大众创业、万众创新的浪潮席卷中国，越来越多的人投入到创业的队伍中。与此同时，市场上一些赛道之间的边界开始消失，为了谋求自身发展，很多企业通过发放各类补贴等方式来争抢用户。这些因素都导向了一个共同的结果：企业面临的竞争环境不断加剧。

用户、成本、竞争这三大要素都在发生变化，人口趋势、环境趋势、竞争趋势这三大趋势也都在发生变化，这决定了企业的运营模型必须与时俱进，要不断迭代和进化。

11.2　星球引力模型

运营模型的迭代与进化，必须遵循一个原则，那就是把企业运营的核心——资金使用到极致，使资金的利用率达到最大化。星球引力模型就实现了这一点，这是未来运营创新的一个方向。

星球引力模型主要分为两种类型，一是紧密型星球引力模型，二是松散型星球引力模型，它们各自又有什么特点呢？

1. 紧密型星球引力模型

紧密型星球引力模型如同太阳系一样，主体就是太阳，所有组织成员就像太阳系里的行星、卫星、矮行星、小行星、彗星和行星际物质等，全都是这个体系中的一部分，它们依存于主体，与其密不可分。

具体来说，紧密型星球引力模型的特点包括以下几点。

（1）主体控股的运营手段

在采用紧密型星球引力模型的企业中，主体通常会用控股的方式（控股比例甚至达到 50% 以上）把依附于它的子体牢牢地拽在自己的体系中，让它们离不开自己。

（2）子体相对独立，但非绝对独立

体系中的成员也就是子体在运营上是相对独立的，它可以脱离主体，但又不能绝对独立，就像地球距离太阳很远，但又会受到太阳引力的作用。

（3）子体高度依赖主体的赋能

子体高度依赖主体的赋能，如资金的赋能、技能的赋能、宣传的赋能、品牌的赋能，等等。就像地球上的生物只有通过太阳才能获取光和热，以维持植物的光合作用和保持适宜生存的温度，如果没有太阳，所有生物都无法存活。

西贝餐饮集团的运营模型就是紧密型星球引力模型。

西贝餐饮集团的创始人贾国龙是内蒙古人，"西贝"两个字就是从贾国龙的姓中拆分出来的。1988 年 5 月，贾国龙在家乡巴彦淖尔市开了一家叫黄土坡风味小吃的小吃店，从此开始踏足餐饮业。1993 年，他注册成立西贝餐饮有限责任公司，开始向餐饮连锁集团发展。此后他辗转深圳、北京，在餐饮这条路上越走越远。不过，一直到 2015 年之前，西贝在全国的连锁门店不过是几十家，发展速度并不快。

2015 年，贾国龙推出了一个紧密型合伙人计划，这个计划把西贝推到了高速发展的轨道上。到 2022 年 10 月，西贝在全国已经有 349 家门店了，7 年时间净增 300 多家店。

那么，西贝是怎么发展的呢？

第一，采取紧密型星球引力模型的控股方式。西贝每开一家新店，总部都会掌握 60% 的股权，店长与团队中的其他重要成员占 40% 的股权。同时，利润也按照这一比例来进行分成，也就是总部拿 60% 的利润，剩下 40% 的利润归门店管理团队，由其自行分配。

在运营上，西贝用赛场机制营造了一个促进内部竞争的环境。2015 年，爱打排球的贾国龙把运动比赛的思路带到了西贝的管理中，形成了西贝独特的绩效考核体系——"西贝赛场"。他要求所有开店 3 个月以上的门店都要进入赛场，每季度竞赛一次。它们的竞争比的不是营业额，也不是利润，而是顾客满意度、员工积极性和门店基础管理。

西贝从全国各个门店抽调人员来当裁判，到每家门店根据各项指标检查各个细节，检查的结果最终会变成积分。根据积分，西贝按比例从每家门店季度营收中提取资金，统一到西贝赛场奖金池中。积分高的门店不但能赚回自己的投入，还能"抢"来其他门店的投入。

竞赛的积分还与开店牌照挂钩。因为西贝门店的利润高，所以很多门店都想开新门店，但是要想新开一家门店，必须获得总部颁发的牌照，那么牌照是怎么来的呢？一年下来，如果门店的积分在全国排名靠前，就可以优先获得牌照。比如某家门店今年获得了 1 个 A+（一共有 A+、A、B、C 四个等级）和 3 个 A，一个 A+ 等于两个 A，就相当于今年总共获得了 5 个 A，而4 个 A 就可以换取一张牌照，所以这家门店就可以另外再开一家门店，把规模做大，赚更多的钱。

如果门店的排名在倒数 30%，牌照和股权就会被收回。收回之后怎么处理呢？首先，门店的员工不是被裁掉，而是全部打散分配到其他新店，这就给了员工试错的机会，上一次的失败可能是因为客观因素的制约，在重新组队后，他们依然可以证明自己的个人能力。这些标准不仅仅是为了考核门店，它还是一种倒逼机制。为了达到这些标准，西贝的各个门店必须不断提升门店的品质，才能避免因为落后被收回牌照。收回的牌照则发放给排名靠前的那些门店，因为它们做得比较好，用户口碑好，盈利好，团队也好。

第二，西贝的门店是相对独立的。如果你去西贝吃过饭，一定会记得下完单服务员就会拿一个沙漏放在桌子上。如果在沙子流完之前你的菜还没上齐，没上的菜就可以免单。等你吃完以后，他们还会问你菜可不可口，如果你觉得这些菜不好吃，店员是有权利给你免单的。免单的成本费用是门店自己承担的，与总部没有关系。如果哪道菜的用户反馈不好，或者用户点菜的频率不高，门店还有权将其淘汰。所以，相对来说，西贝的门店有一定的自主权限。不像很多连锁企业，如果分店想要给用户免单或者赔偿的话，还需要总部进行审批。

第三，在管理上，每家门店都极度依赖总部的赋能。各家门店采用的都是总部统一开发的软件和硬件，采购的流程和供应链全部由总部来打通。一般在新店开张的前三个月，总部会为门店提供资金支持，从第四个月开始，它们就要自负盈亏了。这大大降低了创业的门槛。

通过这种紧密型星球引力模型，西贝发展得非常迅猛，而且团队很稳定，为快速扩张提供了很好的支撑。

2. 松散型星球引力模型

松散型星球引力模型有什么特点呢？

（1）主体和子体之间没有绝对的控制关系

松散型星球引力模型的主体与子体之间没有绝对的控制关系，也就是没有控股关系甚至根本没有股份关系。

（2）主体和子体之间有一定的依存关系，但不是生死依存

子体在一定程度上依存于主体，但这种依存关系并不足以决定其生死。不像紧密型星球引力模型，子体如果离开主体，就不存在了。比如西贝的门店如果脱离与西贝总部的关系，就不能使用西贝的品牌、供应链和培养体系，不能享受西贝的软硬件和资金赋能。但是松散型星球引力模型的主体和子体是可以分开的，即使子体不做主体的业务，也可以去做其他业务。

（3）单向赋能，主体赋能子体居多

松散型星球引力模型的主体与子体之间是单向赋能的关系，且往往是主体赋能子体。子体一般属于接受型，反哺比较少。

　　松散型星球引力模型的应用案例也有很多，比如天猫优品电器合作店（简称合作店）的经营模式。

　　传统门店与天猫优品电器合作店的经营模式对比如表 11-1 所示。

表 11-1　传统门店与天猫优品电器合作店的经营模式对比

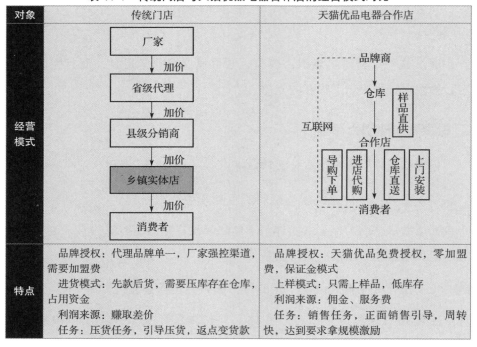

对象	传统门店	天猫优品电器合作店
经营模式	厂家 →（加价）省级代理 →（加价）县级分销商 →（加价）乡镇实体店 →（加价）消费者	品牌商→仓库→合作店→消费者；样品直供；互联网：导购下单、进店代购、仓库直送、上门安装
特点	品牌授权：代理品牌单一，厂家强控渠道，需要加盟费 进货模式：先款后货，需要压库存在仓库，占用资金 利润来源：赚取差价 任务：压货任务，引导压货，返点变货款	品牌授权：天猫优品免费授权，零加盟费，保证金模式 上样模式：只需上样品，低库存 利润来源：佣金、服务费 任务：销售任务，正面销售引导，周转快，达到要求拿规模激励

　　如表 11-1 所示，传统家电行业的经营模式是层层代理模式，厂商发货到省级代理，然后到县级分销商、乡镇实体店，最后到终端的消费者手中。传统门店通常由厂商或上级代理商进行品牌授权，进货模式是先款后货，需要压库存，而且进货渠道比较单一。它们的利润则来源于差价，比如 10 块钱进的货卖 12 块钱，赚 2 块钱的差价。

　　但是天猫优品电器合作店的模式不一样，它由品牌商直接发货给终端的合作店，中间没有省级代理，没有县级代理，也没有乡镇级代理。在这种模式里，只有品牌授权，没有上下游的直接控制关系，所以合作店和天猫优品之间有一定的依存关系，但不是生死依存。

天猫优品对合作店的赋能是单向的。在营销端，天猫优品会帮助合作店引流，提供营销工具，并在搞大促活动的时候提供更便捷的入口。在服务端，天猫优品为合作店提供导购下单、进店代购、仓库直送、上门安装等服务。而且，它的授权是免费的，也没有加盟费，只有一定的保证金。合作店也不靠赚取差价赚钱，它们赚取的是佣金和服务费，达到一定销售额度还能拿规模奖励。

如果将紧密型星球引力模型和松散型星球引力模型进行比较，我们会发现它们虽然有差异，但是两者也有一些共同的特性，比如都符合 90 后、00 后这些年轻一代想要自己操盘、实现人生价值的特点。从这个角度来看，星球引力模型与时代发展的趋势是比较契合的，在未来，一定会有越来越多的企业采用这种运营模型。

11.3　混沌模型

当下还出现了一个新的模型，我们将其称为混沌模型，因为这个模型让人感到震撼，它类似于天地初开、混沌为一体的状态，就是什么形态都并存。

混沌模型是适应用户、成本和竞争变化而产生的新模型，它有一个典型的特点是存在极强的"超级单兵"。

为了便于大家理解这一特点，我们找了一个最前沿的组织进行对标。大家都知道，在所有组织中，保卫国家安全的军队组织是最严密、最先进的，也是企业组织进化的一个方向。而在军队中，最先进的莫过于特种部队。在这里，我们以美国的海豹突击队为例，来看看应用混沌模型的组织是什么样的，与传统组织有哪些不同之处。

　　传统的军队组织，是从最高层的司令官到军长、师长、旅长、团长一层层向下传递命令，上层指挥下层执行。但是，海豹突击队的组织模型却不太一样。每个海豹突击队的队员都是身兼多能的超级单兵，常以 2 个人的小组、8 个人以下的作战班、最多不超过 16 个人的作战排的形式进行训练和执行任务。在结构上，这 16 个人组成了一个大网格，大网格又形成了更大的网格。我们可以通过一张示意图更直观地了解海豹突击队的网格组织是什么样的，如图 11-1 所示。

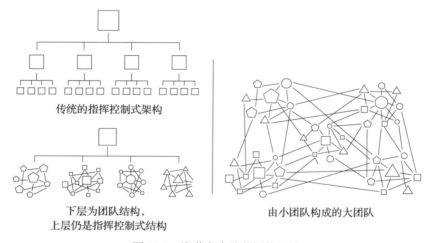

传统的指挥控制式架构

下层为团队结构，
上层仍是指挥控制式结构

由小团队构成的大团队

图 11-1　海豹突击队的网格组织

资料来源：麦克里斯特尔，科林斯，西尔弗曼，等 . 赋能：打造应对不确定性的敏捷团队
［M］. 林爽喆，译 . 北京：中信出版集团，2017.

　　在这样的网格组织中，如果战斗的过程中减员两人，对作战有影响吗？有，但是不大，因为每个人都身兼多能，都能迅速补位，剩下的人可以自动形成一个新的网格，一直打到只剩最后一个人。所以，海豹突击队的修复能力很强，而且任何单点打击都不会对整个网格造成致命影响。这就是超级单兵的魅力。

　　我们前面讲过，现在的 90 后、00 后，他们追求个性化、独立化和多样化，他们在成长的过程中对知识和技能的获取途径是很广泛、很多元的，会根据自己在每个阶段的不同兴趣，去汲取不同的知识，获取不同的技能。正因为如此，最终他们会拥有超强的学习能力，掌握很多技能，也拥有不同结构的知识。所以，他们可以从事多项工作，而这将逐渐成为年轻一代的新工作方式。

过去，80 后、70 后的收入通常只来自一份工作，每天上班，兢兢业业，月底发工资，年底发奖金。而现在，很多 90 后、00 后的收入已经不再来自单一的工作了。比如，有人白天在设计院做设计师，下班后会去酒吧做驻唱歌手，因为他从小就学音乐，有很高的音乐水平；有人在 IT 公司做程序员，同时还在网上接一些订单，做宠物摄影师，因为他喜欢宠物，摄影技术也很好；还有一些人甚至没有固定的工作，会同时做很多工作——会计、滑雪教练、围棋老师等。最重要的是，他们做这些工作完全是自驱的，不需要任何组织的督促。

如果深入探究这些个体在工作方式上的转变，我们会发现，**他们经历了一个从有组织到去组织再到自组织的发展过程，同时也是从控制走向失控再走向自控的过程**。每一个自组织和需求方之间不存在长期雇佣关系，只是需求的激发、承接和协同的关系。这种自组织的方式非常灵活且高效，能快速地响应市场变化。

随着新一代的崛起，这种极强的"超级单兵"会越来越多，而混沌模型也将成为广泛应用的运营模型。

在这个充满变化和不确定性的社会，混沌模型有着非常积极的意义。

首先，它能实现人力共享。原来只归属于某个固定组织的个体，现在可以去做更多的工作，可以同时为多家企业服务，那么这些企业就有机会大大降低用工成本。比如，如果一家公司付 10 000 元雇用某个员工，但实际上用到该员工的时间只有 10 天，那不妨探讨新的合作方式：付他 5000 元，雇用他 10 天。这就实现了我所说的资金使用效率最大化。这对个人来说也是一件好事，实现人力共享后，他可以从多家企业获取收入，收入相应地得到了提升。

其次，混沌模型的个体是自组织的形态，所以在面对错综复杂的情况，能快速做出反应。原来那些固定形态的组织因为比较庞大，反应较为迟缓和滞后，比如，一家公司遇到了一个难题，通常会由相关部门开会讨论，由领导来审批，然后再通过团队协作去解决。而自组织的个体不需要刻板地走流程，能第一时间做出回应，发挥自己的主观能动性去解决问题。

最近崛起的某创业公司应用的就是混沌模型。这家创业公司成立于 2015 年，总部位于北京，是一家以蓝领技工、物品保障和金融赋能为核心的互联网生态公司。具体地说，它是一个平台，在平台上汇聚着很多维修工人。

生活中，我们经常会与维修工人打交道，他们每个人都有多项技能，既会修马桶，又会修电路，还会修水管，很多人将其称为"小哥"。如果他们只是靠自我推销，或者用直销的方式，收入是很低的，而且工作效率和用户体验也很差，比如如果用户有类似的需求，还要一个个面对面地询问，因为用户不知道某个维修工人除了敲墙，是不是还会修马桶、修水管或者修电路。

但是，当小哥们加入了这个平台就不一样了，比如，有人想重新粉刷一下家里的墙壁，他只要在平台上提交自己的需求，就可以找到合适的小哥。而小哥们可以一天做很多个任务，做得越多，收入越多。在这家创业公司的平台上，有的小哥过去一个月只能赚到 3000 块钱，现在能赚到 20 000 块钱，收入提高了五六倍。

这家创业公司对行业也做出了巨大的贡献。过去维修服务这个行业是没有标准的，大家线下找维修工只能碰运气，无从了解他们的维修水平，因为没有评价系统对他们的历史服务进行评价和排名。而这家创业公司建立了这个行业的规范标准，什么样的服务，做到什么程度，收怎样的费用，都是透明的，这个行业因此从无序变成有序的状态，从而使用户得到了专业、安全的服务体验。

当然，不是所有任务都可以由某个"超级单兵"独立完成，所以，这家创业公司又以网格为单位布局全国小哥联盟矩阵，并赋能网格，让每个网格自主经营，打造成为最后 3 公里蓝领服务生态圈。它的核心本质是项目制或任务导向制，按照行业和区域进行网格划分，在这个以 3 公里为半径的网格单位中，把小哥的技能与用户需求进行精准匹配。

比如，装修一栋房子，只靠某个人是不可能完成的，小哥联盟在这时就能发挥作用了。这个任务需要水电工、木工、水泥工、设计师等，这时会有一个网格组出现，平台把任务点附近具有相关技能的小哥调到这个网格组，他们发现这个任务有钱赚，就会自行组织在一起。虽然原来大家都互不相识，但是通过这样的方式，就能快速达成合作，组成一个小分队，去承接这个任务，并在约定的时间里完成任务，按劳分配。

网格化经营通过联盟的方式不断地给平台供血，同时又通过金融公益、小哥生活、小哥学院、小哥商城等为小哥们提供赋能支持，增强了他们对平台的黏性，使他们可以更好地为客户提供服务，如图 11-2 所示。

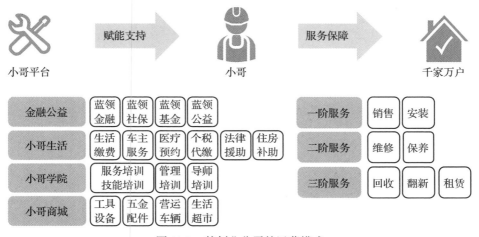

图 11-2　某创业公司的运营模式

由此可见，这家公司所创建的平台是典型的双边赋能平台，它既有极强的"超级单兵"，又有小哥联盟这样的自组织的网格小组存在。现在这个平台汇聚了大概将近 20 万名蓝领小哥，未来，一定会有越来越多的小哥加入这个队伍。

混沌模型是未来商业组织极有可能逐步演变为的一个形态，也是最有新意和最高效的一个形态。**未来 20 年，我们一定会看到越来越多的自组织平台涌现出来。**

5

第 5 部分

组织建设

第 12 章

组织有韧性，才会基业长青

12.1　从水大鱼大到风大雨大，我们缺了什么

如果我们能沿着战略三部曲为企业制定具有前瞻性、聚焦性的发展战略并不断升级，能检视企业当下的商业化路径并进一步探索适合企业的新路径，能为企业选择合适的运营模型并根据时代的发展趋势将其迭代、进化，那么，我们就已经为企业的增长奠定了坚实的基础。但是，如果止步于此，会发现企业的后续发展很可能出现后劲不足的情况。在市场发生巨大变化、商业环境动荡复杂时，这种情况往往尤为明显。

为什么会出现这样的情况？究其根源，是企业的组织建设出了问题。这正是我们将组织建设放到增长四极模型中、将其作为其中一个重要模块的原因。

一家创业公司的人力资源总监曾经和我们聊起他们公司目前的困难。这家公司所处的是当时投资界最看好的热门赛道，一年前获得了一大笔融资款，创始人信心十足地准备大干一场，为此还制定了年度 20 倍增长的目标。

然而，半年过去了，这家公司每个月的业绩完成率最好也只有 30%，业务负责人对完成目标已经不抱期望了，团队士气也非常低落。创始人心急如焚，他判断无法完成目标是因为员工的能力不足，于是不断督促人力资源总监加强对员工的培训。可是，尽管人力资源总监已经在公司里组织了很多场培训，但是业绩完成率依然很低。他知道，问题根本不是出在员工能力上，但究竟出在哪里，他也想不明白。

其实，在辅导企业的过程中，我们发现这样的现象并不少见。改革开放以来，中国用了 40 多年的时间就完成了西方用 200 多年才完成的工业化。中国经济的迅速发展，以及市场需求的不断增长，为企业提供了大量的发展机会。同时，政府对于企业的扶持力度也在不断加大，无论是在政策上，还是在资金上，都为企业提供了巨大的帮助，为其快速发展保驾护航。此外，互联网和移动互联网的迅速普及与深度应用，使新兴产业如雨后春笋般蓬勃兴起，不断涌现出来的新赛道让企业大有可为。**如果用一个词来形容过去企业所处的商业环境，那就是"水大鱼大"。**在这个黄金时代，只要企业能跟上时代，把握红利、脚踏实地求发展，业务的一路狂飙就不是梦。然而，也正因为业务增长过快，很多企业经营者来不及去思考组织建设，也缺乏相应的意识和经验，当企业发展遇到瓶颈的时候，他们往往会认为是团队管理和人才能力出了问题，却忽视了组织的结构性问题。

随着时间的推移，时代的红利在消退，商业环境在悄无声息地发生着变化。如我们在第 1 章中所说的，中美博弈升级、地缘冲突加剧、逆全球化浪潮兴起、人口结构转变等种种因素的变化，让市场环境充满了不确定性，企业的生存与发展由此遭遇了前所未有的挑战。数字化带来的技术变革更是给企业带来了根本性的冲击，过去有一些行业历经百年变迁都没有发生什么大的变化，而**在数字化时代，即使是最传统的行业，也在物联网、区块链、AI 等数字化技术的裹挟下发生了令人惊讶的改变。于是，"水大鱼大"变成了"风大雨大"。**

　　在这个风大雨大的世界里，组织建设对企业的重要性比以往更加显著。只有强有力的组织，才能使企业穿越风雨，走出危机，逆势增长。

　　我们研究了很多成功穿越危机的卓越企业，发现它们有一个共同的特点，那就是都进行了卓有成效的组织建设。它们往往坚持以人为本，重视团队建设，相信规律，愿意给组织以资源和空间，并且大都形成了自己独特的组织建设方法论。

　　比如，华为通过 IBM 引入 BLM（Business Leadership Model，业务领先模型），从战略（战略意图、市场洞察、创新焦点、业务设计）、执行（关键任务与依赖关系、正式组织、人才、氛围与文化）、领导力、价值观等多个维度帮助公司上下统一认知与执行方式，促使管理层进行系统的思考、有效的资源调配，推动企业的持续增长，如图 12-1 所示。

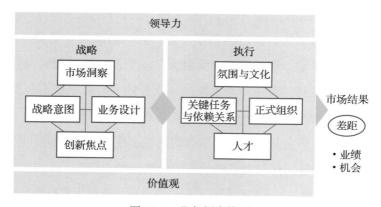

图 12-1　业务领先模型

　　阿里巴巴构建了"心脑体"组织框架，使组织成为一个有机体，如图 12-2 所示。通过心力（组织文化）、脑力（组织能力）、体力（组织治理）的有机结合、互相配合，阿里巴巴使组织中的每个人把自己的梦想与公司的愿景、使命、价值观融合在一起，激发员工的自我驱动力，从而激活组织，让组织拥有顽强的、坚韧的、永不枯竭的生命力。

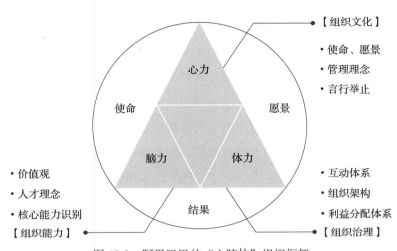

图 12-2　阿里巴巴的"心脑体"组织框架

资料来源：茅庐学堂，张山领，张璞，等 . 阿里三板斧：重新定义干部培养［M］. 北京：电子工业出版社，2019.

　　腾讯则用杨国安教授提出的"杨三角"理论持续打造自身的组织能力。如图 12-3 所示，"杨三角"通过解决愿不愿意（员工思维）、会不会做（员工能力）、容不容许（员工治理）三个重点问题，帮助腾讯打造了一支强大的团队，提升了腾讯团队的整体战斗力。

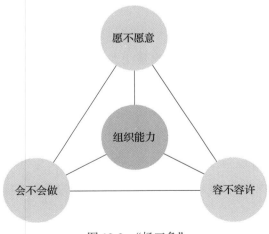

图 12-3　"杨三角"

多年的管理实践让我们认识到，**大企业的方法论并不完全适用于中小企业**，那些在组织建设上出了问题的中小企业并不能直接借用上述企业的方法，因为中小企业与大企业在规模、资源、组织模式、能力等方面存在很大的差异。大企业通常拥有庞大的组织结构、更多的资源和更丰富的经验，因此它们可以采用复杂、全面的方法论来管理和经营企业。但是，中小企业却往往缺乏实施这种方法论的土壤与根基。中小企业需要的是更加简洁、灵活和实用的方法论，以更好地适应快速变化的市场和竞争环境。

基于以上思考，我们对自己在组织建设方面的多年实践经验进行了总结、提炼，打造出了非常 6+1 体系，希望帮助那些有意识、有意愿在组织建设上投入精力的企业经营者打造稳定的组织系统，以组织系统的确定性来应对商业世界的不确定性。

12.2　组织建设的终点：打造韧性组织

"以终为始"是运营创新的一个基本原则，组织建设也应遵循同样的思维方式。在构建非常 6+1 体系时，我们时常扪心自问：我们设计这样一个体系，是希望它带领企业走向何方？

经过长期的思考与探索，有一个答案越来越清晰：**将企业打造成韧性组织。这是非常 6+1 体系的目标，也是企业组织建设的终点。**

组织韧性对企业来说至关重要，越来越多的企业开始认识到这一点。2021 年 3 月，知名咨询机构 Gartner 发布预测报告，称为了应对疫情、互联网犯罪、气候变化以及政治动荡的威胁，2025 年前全球 70% 的 CEO 将建立"韧性文化"。报告还指出，90% 的全球商业领袖认为组织韧性将是未来商业中的首要思考内容，80% 的企业家认为有韧性的组织才能基业长青、蓬勃发展。

从某种程度上来说，**一家企业的生命周期有多长，取决于其组织韧性**

有多强。当遭遇危机时，缺乏韧性的企业会深陷泥潭，无法脱身，最终被危机吞噬。而有韧性的企业却能重构组织的资源、流程和关系，从困境中快速复原，获得活下去的力量，甚至转"危"为"机"，实现逆势增长。

韧性组织有以下几个鲜明的特征，如图 12-4 所示。

1	2	3	4	5
追求客户价值，坚持长期主义	拥抱不确定性，采取适应性思维	更灵活，更敏捷	一致性	系统性

图 12-4　韧性组织的五大特征

1. 追求客户价值，坚持长期主义

组织要想有韧性，一定先要有一个扎得非常深的根，这个根就是这家企业存在的价值，这个价值有可能是股东价值，也可能是客户价值。但在当下的市场环境中，**以客户价值为导向的企业往往比一味追求股东价值的企业更长久**，因为只有为客户创造价值，才有可能为股东创造价值。优秀的企业都以客户至上为基本的价值观，比如华为坚持"以客户价值观为导向，以客户满意度为评价标准"的理念，亚马逊创始人杰夫·贝佐斯说"我们从不关心竞争对手，只关心用户价值"，沃尔玛的服务理念中也有一句非常著名的话——"顾客才是真正的老板"。

组织要有韧性，还需要坚持长期主义。原阿里巴巴首席战略官曾鸣教授认为，当一个时代在剧烈变革和转型的时候，我们很难看清楚未来，越是这样，越要有一个相对长期的视角。今天的战略与传统的战略完全不同，今天的战略核心是建立在 Vision（愿景）基础之上的。Vision（愿景）是"看十年"，是对于未来的假设和信念的不断思考，对未来最可能发生的产业终局进行判断，要不断地实践，然后不断纠正。这是时代变革中企业家的核心能

力。创业者要有"看十年"的决心，也要逐渐培养"看十年"的能力。[⊖]

坚持长期主义，持续不断地为客户创造价值，让这些企业有了生存与发展的根本，让它们在风来了的时候能立得住，即使暂时被吹倒了也能重新站起来，继续向上生长。

2. 拥抱不确定性，采取适应性思维

在工业时代，企业面对的是较为稳定的市场，产业链、客户群体基本不变，因此企业不需要太强的适应性，只要延续过去的经验，就能保持正常运转。而随着云计算、物联网、人工智能、5G 等新技术以及像 ChatGPT 这样的新工具不断涌现出来，市场和消费行为也随之发生了巨大的变化，企业所面对的内外部环境变得复杂动荡，组织充满不确定性。这要求企业必须有很强的适应性，能适应环境的变化而发展。

这种适应性首先体现为拥抱不确定性。在这个快速变化的时代，**唯一确定、永远存在的就是不确定性**，正如管理咨询大师拉姆·查兰所说："我们这个时代的不确定性远远超过了以往任何时期，无论在变化的规模、速度还是迅猛程度上，都与过去根本不在同一个量级上。"面对复杂多变的外部环境，企业经营的不确定性成了一种常态，企业家必须学会与不确定性共处，去主动拥抱不确定性。

这种适应性还体现在主动变革上。企业家绝不能在时代浪潮的裹挟之下被动改变，应该主动转变思维方式，更新管理方式，从内部进行破局，对企业进行全面的战略布局，根据外部环境进行经营策略的灵活调整，进行匹配性创新与变革，带领企业重新找到前进的方向。

当然，要拥抱不确定性，需要企业家有更新组织心智的勇气和决心。追求确定性是人的本能，在这种本能下更新组织心智，企业家一定要具备洞察

⊖　2017 年 12 月 17 日，曾鸣教授在杭州师范大学举办"看十年·曾鸣书院公开课"，在演讲中，他提出了这一观点。

的能力和改变的勇气。

没有任何一个组织能在停滞中保持基业长青，企业的成长与成熟本身就是不断适应时代、市场和技术的变化而不断变革的过程。

3. 更灵活，更敏捷

曾经担任 IBM 董事长的郭士纳把组织冗余、效率低下的 IBM 比喻成笨重的大象，其实不只 IBM，很多企业都在发展的过程中逐渐变成了分支机构数量庞大、业务层级繁多、人员冗余的庞然大物，这样的企业"转身"都难，更别提变革了。

而韧性组织的一个特征是更灵活，更敏捷，能快速响应市场的变化，并高效地制定、执行应对策略。

4. 一致性

内部的一致性对企业来说是非常重要的，因为只有企业上下保持一致，组织效率才会达到最大化。

一致性首先体现在使命、愿景、价值观的一致上。当所有员工都知道"我们为什么而战"时，其责任感、荣誉感、工作热情以及创新精神就能被最大程度地激发出来。

一致性其次体现在目标和方向的一致上。个人目标与组织目标是否统一会在很大程度上影响组织的效率，当所有员工都明确"我们要去向哪里"时，组织中的所有力量才能汇聚到一起，为实现战略目标而努力。

当企业需要用新方法走新路时，把全体成员聚到一条路上尤为重要。

我曾经给一家企业做过一场战略复盘工作坊，这家企业的年度战略目标没有完成，HR 邀请我带领他们复盘并诊断一下战略落地过程中的问题。在复盘现场，高管团队发现战略目标没有完成的原因是各个部门对战略的理解不一致，这导致每个部门选择的战略实现方式都不一样，部门之间因此无法做到有效的协同和彼此支持。

由此可见，**组织的一致性决定了灵活性是否有效，没有一致性的灵活性只能分散公司的力量导致战略的失败。**

5. 系统性

组织的系统性是指组织必须作为一个整体来运作和具备系统功能，包括具备实现各种业务所需要的要素，局部之间需要相互关联、互动和协同。在这个视角下，组织被看作一个复杂的、动态的系统，而不仅仅是一系列相互独立的部门、人员和资源。系统性有助于我们更好地把握组织内部的运作方式，从而提高组织运作的效率和效果。

每一次面临经济下行压力都会有很多企业陷入经营的困境甚至直接倒下，但充满韧性的企业却能一次次穿越危机，挑战与打击只会让它们变得更加强大。我们希望建设的，正是这样的韧性组织。

12.3　从局部到整体的非常 6+1 体系

建立起对韧性组织的认知后，我们已经了解了组织建设的终点是什么，接下来要做的是探寻建设韧性组织的路径，也就是非常 6+1 体系的构建逻辑。

关于组织建设，有很多经典的理论体系，比如之前提到的"杨三角"、阿里巴巴的"心脑体"，还有麦肯锡 7S 模型等。这些理论体系有一个共同的特点，就是它们将组织能力分为多个维度分别进行探讨。遵循着同样的底层逻辑，我们构建的非常 6+1 体系将组织能力划分为 6 个基本要素——战略、流程、组织架构、人才、绩效与激励、文化与领导力，以及 1 个特殊要

素——数字化。这 7 个要素是组织的内部要素。在这 7 个要素之外，还有 4
个外部要素影响着组织系统的发展，分别是环境与资源、竞争者、上游供应
商、下游客户。7 个内部要素与 4 个外部要素共同组成了一个庞大的组织系
统，如图 12-5 所示。

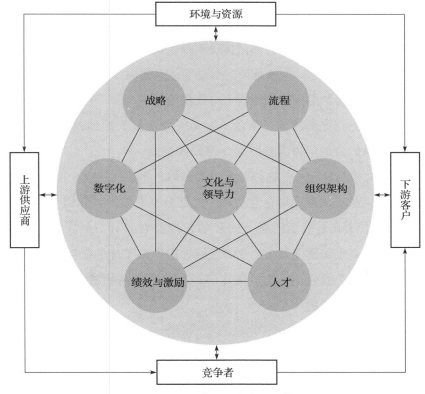

图 12-5　组织建设的非常 6+1 体系

本书对 4 个外部因素不做赘述，重点探讨 7 个内部要素。有些人可能会
感到疑惑：组织的影响要素有很多，为什么是这 7 个要素呢？

第一个要素是战略，战略对于组织具有不可替代的重要意义，它能为组
织指明长期的发展目标，明确企业未来要走向何方，并确定企业需要的发展
能力，让企业的发展始终是健康的、可持续的、面向未来的。

第二个要素是流程。麦肯锡 7S 模型、"杨三角"都没有提到流程这一要素，但我认为，在组织建设的过程中，流程是必不可少的，尤其是在当下的时代背景下。在工业时代，流程是相对固定的。但在今天这个充满不确定性的时代，随着数字化技术的迅速发展和深度应用，商业模式变得越来越复杂多变，流程也随之发生了根本性的改变，而且**流程的效率往往决定了组织的效率**。基于此，我将流程作为一个单独的模块进行探讨。

有了流程以后，就要探讨如何排兵布阵，用什么样的组织架构、什么样的人才来完成企业目标，这就是第三个要素组织架构和第四个要素人才。

以上 4 个要素是组织正常运转不可或缺的组成部分，接下来要探讨的是组织的软实力，首先是绩效与激励，因为**人才不是天然地就愿意为组织贡献自己的力量的，他们需要被驱动、激励和赋能**。

其次是文化与领导力。它们非常重要，但是企业往往很少在这方面投入资源。很多企业从未建立过企业文化，大部分企业领导者知道需要领导力，但是却不知道什么是真正的领导力和如何建设有领导力的团队。事实上，VUCA 时代，文化和领导力在企业的发展过程中发挥着非常关键的作用，甚至决定了企业最终会走向何方、能走多远。**只有业务模式没有文化与领导力的公司是没有未来的。**

最后一个要素是数字化，它是一个比较特殊的要素，是企业在数字化时代谋求长远发展的必然选择。数字化现在对企业来说就像 2003 年的电子商务，是必须去面对和拥抱的思维和工具。**数字化是一个加速器，用好了，会加速企业的成功。若不进行数字化变革，则必然被加速淘汰。**

在非常 6+1 体系中，这 7 个要素不是单独存在的，而是互相关联、互相影响的。

举个例子，战略这一要素与其他 6 个要素都有密切关联，并且是强相关，因为战略目标的完成需要流程、组织架构的支撑，需要人才的执行，需要绩效与激励、文化与领导力的加持，需要数字化的助力。只有这 6 个要素都做好了，战略目标才能最终实现，其中任何一个要素出现问题，都会产生重大影响。

再比如，战略、组织架构、人才、数字化又跟流程是强相关的，这四者能直接影响到流程的建立与调整。绩效与激励、文化与领导力则跟流程是弱相关的，这两者会在潜移默化中对流程产生影响，但影响并不明显。

从局部到整体，从单点发力到系统协同，这就是非常 6+1 体系。接下来，我将对组成这一体系的各个要素进行具体讲解。

第 13 章

七大维度，系统打造组织能力

13.1 战略：企业为谁创造价值，创造什么价值

做企业，最重要的是战略先行，因此，战略是组织建设的第一个维度。对企业经营者和高管团队来说，战略是熟之又熟的部分，企业中所有管理者的工作几乎都是围绕着战略目标的实现而努力的。但是，这个与管理者每天的工作息息相关的部分，往往是问题最多的部分。

一家专门服务创业公司一把手的头部商业服务机构曾经邀请我们为其客户上组织诊断课程。在课程现场，我们请在场的近 50 家企业的一把手写一写公司的战略，并且现场展示出来。结果，大家展示出来的战略大部分都是年度营收目标。我们问他们这个年度营收目标是如何制定出来的，大多数人说是基于财务增长的逻辑制定出来的。这体现了大部分创业公司领导者对于战略的理解水平——**只见树木，不见森林**。

彼得·德鲁克曾经讲过，战略不是研究未来做什么，而是研究现在做什么才有未来。关于战略的定义还有很多，但在我们看来，战略是一个组织

为了实现企业的长期目标所做的方向性选择和资源的整合，它要解决三个问题：**去哪里（方向和目标），在哪里（现实的资源），如何去（路径方法）。**

从组织的视角来看，一个完整的战略系统需要具备以下特征：

- **独特的价值诉求**　企业制定战略必须考虑自己提供的独特价值是什么，也就是客户为什么要购买其产品。
- **发展性和连续性**　战略是基于未来看现在，既要有未来视角，又要有当下的考量。
- **整体性和系统性**　企业制定战略时，必须综合考虑企业所面对的外部环境、行业发展情况、市场竞争、企业资源、团队能力等各种因素，从而找出"赢"的方法，并且在实践过程中不断对其进行迭代与调整。同时，战略还必须是包括战略诊断、生成、拆解、执行、复盘的全链路闭环。

企业领导者的战略思维决定了企业的发展高度。要做好战略，有几点需要我们特别关注。

1. 使命和愿景是战略的起点，也是战略的定力

成为"百年企业"是很多企业共同的梦想，但是，很少有企业家认真思考过自己的企业存在的价值是什么、凭什么存活 100 年。而战略正是以"我们为谁创造什么价值"为出发点，探索企业存在的价值，从愿景、使命两个方面来确定企业的定位，并为企业找到一个个里程碑，画出走向终点的路线图。

战略管理的第一要务是确定企业的愿景和使命，它们体现了企业的基本定位和发展方向，是指引各项业务活动和管理行为的航标，是确定战略的前提。

愿景是企业关于未来的基本假设，它能告诉员工"我们的企业将会成为一个什么样的企业"，是企业家为员工勾勒出的美好蓝图。愿景并不是指

现在要给员工什么，而是让大家拥有一种共同的憧憬与期待——通过大家的努力，在将来能得到什么。也就是说，愿景不是为目前"充饥"，而是让人们将眼光放得更长远一些，从而激发出内在的动力。

当微软还是一家很小的公司时，其创始人比尔·盖茨就提出这样一个伟大的愿景："让计算机进入家庭，并放在每一张桌子上。"福特汽车的创造者亨利·福特为企业构建的愿景是："我要制造一辆适合大众的汽车，价格低廉，谁都买得起。"这些愿景都为企业的发展指明了前进的方向，为员工创造了一个将个人目标与企业目标相结合的平台，员工不再是被动的服从者，从而可以释放出难以估量的巨大潜力。以此为契机，企业的人才、资源都聚集在一起，**企业不再是一群普通人的简单组合，而是一个有共同理想、共同使命的命运联合体**。

使命是对企业存在价值的基本假设，简单来说，就是除了利润最大化之外，企业还能为他人、为世界创造什么样的价值。松下幸之助曾经如此阐述松下的使命："我的使命不应该只是为了松下，而是战胜贫穷，实现民众富有。"这个宣言感染了松下员工，在这个使命的指引下，松下成为一家以创造价值为指导方针的伟大企业。

《孙子兵法》中说："道者，令民于上同意也，故可以与之死，可以与之生，而不畏危。"如果企业中所有人都有共同的使命，就能上下同欲，迸发出最强的战斗力。

愿景和使命如此重要，然而，我们在咨询的过程中，却发现很多企业家并不了解如何构建愿景和使命。比如，有一些创业公司有愿景和使命，但内容是从大公司照搬过来的。这样的愿景和使命不过是挂在文化墙上的口号罢了，不会对员工产生驱动力，也不能对企业发展起到指引的作用。

一家企业的愿景和使命应该是所有高管（甚至所有员工）坐在一起，通过共创会的方式进行讨论、推演，最后总结出来的。在共创会上，参与者可以就"企业主要服务的客户群体是谁？企业能为这些客户创造什么价值？你希望企业未来成为一家什么样的企业？如何才能让企业变成你理想中的企业？"等问题发表自己的观点。每个人都要畅所欲言，允许有争论，好的观点往往是在争论中出现的，也只有经过充分的讨论，才能使所有人达到认知同频、精神统一，最终确定的愿景和使命才能最大程度激发公司上下的奋斗动力。**这样的共创会其实也是最好的团建。**

2. 战略是一个完整的循环链路

战略是由感知与洞察、生成与拆解、执行与实施、复盘与反馈组成的完整的循环链路，阿里巴巴的战略就是一个业务组织、文化三位一体的循环链路，如图 13-1 所示。战略的循环链路不仅保证了战略的完整性，还促进了组织的生成性，并且可以在循环往复中不断提升整个组织的战略能力。

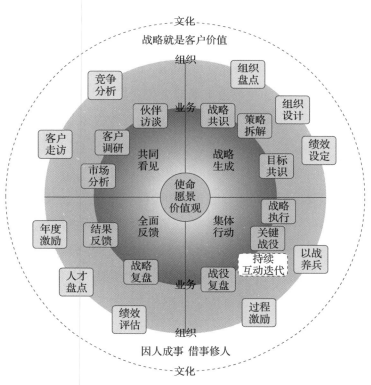

图 13-1　阿里巴巴的战略闭环：业务 – 组织 – 文化三位一体

（1）战略感知与洞察

对外部环境的感知是战略洞察的前提。但是我们发现，很多企业要么缺了这一步，要么交由外部的咨询公司来承担这部分工作。从本质上来说，战略是一个组织关于如何更好地适应外部环境、整合内部资源以创造价值的洞见，只有组织内部对于外部环境有了充分的感知，组织各个部分的能量才能被充分地调动并发挥出来。**没有经过集体战略感知而形成的战略目标，不过是冷冰冰的数字**。我们经常看到一些企业在实施战略的过程中出现团队协作问题，上下无法齐心协力，就是因为它们最初没有做好战略感知。

形成战略感知有两个关键点。第一，通过走访客户、供应商、生态伙伴等外部价值链上的相关利益方，产生对外部环境的感知，而不是只看报告，纸上谈兵。

第二，战略感知不是市场部一个部门的工作（很多中小企业不会设立专门的战略部门，战略工作主要由市场部来负责），市场部可以作为牵引，为企业提供市场分析数据和竞争数据，但具体的战略感知走访小组应该由业务单元的一把手和相关高管组成。走访小组要在 1 个月内进行市场调研，走访客户、供应商和生态伙伴，了解他们如何工作、目前的困难是什么。走访完成后，走访小组要回到公司召开感知拼图会议，并在会议中逐一分享自己在走访过程中最强烈的感受。通过这样的分享，大家共同的市场洞见和最想突破的战略方向就会涌现出来。此时，战略就开始有了生命力。

在战略感知方面，PEST 模型是非常经典的框架，企业可以利用这一框架完成对外部环境的感知。也可借鉴图 13-1 "共同看见" 这一部分的内容。

（2）战略生成与拆解

战略生成与拆解指的是战略方向、目标的制定与拆解。在这个环节，大部分创业者容易踩到的坑是分不清楚战略方向、战略目标和指标。

　　这三者到底有什么区别呢？我们以阿里巴巴的天猫为例来进行具体阐释。

　　2022 年 5 月 20 日，在天猫 TOP TALK 超级品牌私享会上，阿里巴巴淘宝天猫商业集团总裁戴珊表示，2022 年天猫的核心战略是从交易到消费。未来 3 年，天猫将培育 100 个用户规模过亿的超级品类，帮助 10 个战略伙伴获得 1 亿会员。与戴珊一同出席会议的几位天猫的关键人物则分别阐述了天猫的新策略和规划，如更加重视那些对品牌与平台有很高忠诚度的品牌会员，推进场景和生活方式消费，进一步打通商家的供应链与库存系统等。

　　其中，从交易到消费是战略方向，通过 3 年培育 100 个用户规模过亿的超级品类和助力 10 个战略伙伴获得 1 亿会员是战略目标，而天猫的新策略和规划指向的是战略指标。

　　阿里巴巴战略方向与目标的生成方式值得很多企业借鉴。

　　通常在 1 月份的时候，业务集团的总裁就已经完成了市场走访和集团业务方向的对焦，基本确定了下一个财年的战略方向。2 月份，各个业务集团会召开战略共识会，把核心高管们聚在一起，用 2～3 天的时间，让他们围绕着总裁的想法，分享自己对公司战略方向的观点。把高管们的视角带进来，可以使战略方向更加准确。同时，这个会议还会引入"外脑"，邀请一些科学家、经济学家和客户参加。会议上，大家会围绕走访过程中的感知、公司方向和现实痛点进行讨论，从而总结出公司现状与战略目标的差距，以及战略目标实现过程中可能会遇到的挑战。当高管视角、外部视角与总裁视角汇集在一起后，就可以生成战略方向下的关键策略思想。基于这些关键策略思想继续进行讨论，就形成了清晰的战略目标。战略共识会的作用就是把战略方向逐渐转化成战略目标。

　　生成战略目标后，接下来要做的是对其进行拆解，拆解的目的是把战略目标从宏观的方向变成可执行的策略。

　　战略目标的拆解通常分为两个维度，一是时间上的纵向拆解，简单来说，就是把战略目标分解为各个层面的阶段性目标。比如，将总的战略目标分解为年度战略目标，接着将年度战略目标分解为季度目标、月度目标，这样我们只需要按部就班地完成每个阶段的目标，就可以实现总的战略目标。二是业务线上的横向拆解，即将战略目标分解到各个具体的部门、团队，使各级人员都明确了解自己为了实现战略目标应该做什么，使部门目标、个人目标与企业的战略目标紧密结合。

　　阿里巴巴的目标拆解充分实现了团队之间的"通"和"晒"[⊖]，各个团队通过策略拆解会了解彼此在什么时间点需要什么样的支持，从而支撑彼此目标的达成。这样，各个团队就能围绕目标进行有效协作。

　　战略拆解之后团队需要打关键战役，之后公司会在组织层面进行组织架构的调整和关键人才的排兵布阵。这个部分我们会在组织架构模块详细展开。

（3）战略执行与实施

　　战略拆解之后就要开始进行战略实施了，这个环节企业最容易踩的坑是不进行过程复盘和迭代。

　　很多企业经营者认为将战略目标拆解到各个业务板块之后，就只剩下团队的执行了，这是一个常见的误区。经常有人问我们：战略目标的实现出了问题，团队应该怎么办？

　　在这里，大家需要明确一个非常重要的点：战略目标的制定和策略拆解，是我们基于外部环境的分析和内部资源的整合形成的一种对战略目标实

　　⊖　"混通晒"是阿里巴巴的管理秘籍，"混"与"通"是指各部门人员要经常互动和互相沟通，加强合作，"晒"是指通过"混"和"通"产生的最终数据表现。

现方式的假设，至于**战略目标是否合理、战略路径是否有效，则需要企业真刀实枪地去商场拼杀来检验。**

千万不要认为企业高层管理团队把战略目标制定出来并进行拆解后就万事大吉了，这种想法往往是目标实现出问题的根本原因。在战略的执行与实施过程中，阶段性的回顾和调整是至关重要的。

我们曾经辅导过一家软件公司，这家公司在上海成立了一家分公司，年中的时候，集团总部发现上海分公司已经完成了年度销售额，于是就认为它已经实现了目标。然而，到年底的时候才发现，上海分公司的销售额有超过50% 不是来自销售总部给它的主营产品，而是来自它根据部分客户的特别需求而给客户量身定做的软件。但是，根据对集团的战略目标的拆解，上海分公司的目标是用一年的时间打开主营产品在上海市场的局面，这样一来，虽然上海分公司完成了年度销售额，却没有完成集团交给它的任务，还影响了整个集团战略目标的实现。

之所以会出现这样的情况，正是因为这家公司的总部没有对分公司的战略实施情况进行跟踪、反馈，未能及时发现它偏离了目标。

在对企业的战略实施过程进行跟踪和复盘方面，阿里巴巴做得非常出色。

阿里巴巴的业务团队将季度阶段性复盘和关键战役项目节点复盘训练成了团队的肌肉记忆。在复盘的过程中，团队会看业务的进展如何，对做得好的进行表扬，对做得不太好的继续优化，对没有完成的重点关注。如果是关键业绩指标出现了问题，团队会重点复盘支持这些业绩指标完成的"关键战役"。这时，公司通常会组织业务三板斧讨论会，在会上，业务团队一二级的领导会提供支持和辅导，大家集中讨论要突破的关键问题是什么、如何破题、行动方案是什么，以及团队需要哪些资源。召开三板斧讨论会也是对员工进行过程辅导的重要方式。

在进行过程复盘的过程中，我们需要特别注意三点。

第一，我们需要具备这样的视角——每个业务议题都是业务和组织的一体两面，业务能否完成，一方面要看业务打法是否有力，另一方面要看组织的资源配置能否够提供充分的支持，除此之外，还要看企业文化能否为其提供土壤。所以，**在阶段性回顾的过程中，我们不能只讨论业务数据，也要看到业务数据背后的组织和企业文化。**

第二，业务复盘要还原业务场景。我们曾经辅导过一些企业，它们在阶段性项目复盘会议中常常只对数据、业务逻辑进行复盘。这么一来，会导致大家虽然能看出来有问题，却不知道问题究竟出在了哪里。比如，我们可能看到了转化率这个关键指标不理想，但是因为没有回归业务场景进行复盘讨论，很难搞清楚到底发生了什么导致转化率低，也就无法找到突破的方法。所以，在过程复盘时，我们需要回到业务场景中，通过发生的具体情况去洞察企业的业务、组织和文化等议题，从现场找答案。

第三，过程文化和过程激励都是必不可少的。HR要在这个时候发挥作用，采用PK、过程报道等方法把战斗氛围调动起来，让大家感受到打仗的节奏感。

（4）战略复盘与反馈

在很多企业中，复盘与反馈这个环节经常被缩减为年终绩效评估，但是，我们必须厘清的一点是：**绩效评估在战略的复盘与反馈中的确很重要，但不是全部。**

复盘和反馈主要有三个目的。

一是对战略落地全过程进行复盘，看看团队在执行和实施战略时有没有偏离公司的战略方向，有没有偏离愿景与使命。同时，通过回顾成功经验和失败教训，让团队明白为什么会赢、为什么会输，继而将这些经验转化为团队和组织的能力，转化为团队下一次战役的养料。

二是结果评估。通过结果评估，看战略落地过程中各个业务团队的表现，同时进行人员的评估和盘点，看看过去一年哪些人的能力得到了提升，哪些人还需要成长，为明年的排兵布阵提供数据支持。

三是结果反馈，也就是论功行赏。

战略的复盘与反馈非常重要，在支付宝遭遇巨大危机时，就是一场内部复盘会议使其重获新生，再度实现增长的。

2010 年 1 月 22 日，在支付宝年会上，马云痛批支付宝的用户体验："烂，太烂，烂到极点！"他之所以会给出这样的评价，是因为这一时期快速扩张的支付宝只忙着上线新产品，却忽视了对用户体验的关注，导致用户大量流失。当时，支付宝的支付成功率只有 60% 左右，低的时候甚至只有40%。这意味着淘宝网辛苦营销来的每 100 名客户，就有 40 人甚至 60 人因为无法支付成功而放弃购买，一切努力全都付诸东流。这严重违背了阿里巴巴"客户第一"的价值观。

为了带领支付宝走出困局，新上任的 CEO 彭蕾决定以员工大会作为突破口。2010 年春节后，彭蕾在杭州良渚大酒店召集了一场核心员工大会，支付宝 P8 以上的员工全部参加。会议整整开了四天，白天大家集中讨论业务，晚上则是吃饭、喝酒、聊天、交心。大家一起进行了深刻反思，决心回归初心，狠抓用户体验。

这场后来被称为"骆驼大会"的内部复盘会议，成了支付宝历史上的一次最重要的转折点，这之后，支付宝最重要的 KPI 从支付业务的规模和营收变为支付成功率和活跃用户数，为快捷支付的诞生以及支付宝后来的稳固发展打下了坚固的基础。

3. 组织应努力修炼关于战略的核心能力

为了使战略的制定与实施更加高效，组织应该努力修炼三种与战略有关的核心能力，如图 13-2 所示。

图 13-2   与战略相关的三大核心能力

（1）生成力

生成力是指企业要有生成战略的能力，这种能力首先体现在能保证战略方向相对正确，这是非常重要的，因为**战略方向错了就意味着你会带着团队在失败的道路上越走越远，你越努力，就越失败**。因此，你要用全局性的思维框架，应用 PEST 分析、产业价值链分析、波特五力分析、关键成功要素分析、企业内部价值链分析、SWOT 分析等方法进行战略洞察，结合自己公司的核心竞争力，去选择一个相对正确的战略方向。

生成力其次体现为保证战略内容相对完整的能力。也就是说，你所生成的战略应该是一个相对完整的战略规划，不能只是一个目标，也不能只有几个指标，它既要包括企业的发展方向，也要体现企业的愿景和使命，还要包括相应的企业资源配置策略，这样的战略才能落地。

（2）聚焦力

聚焦力指的是我们要集中所有的资源，以一张图、一颗心、一场仗去实现战略目标。也就是说，要通过共创战略全图、统一战略思想将大家凝聚到一起，使上下一条心，打赢一场又一场关键战役，从而实现聚焦力的不断提升，促进战略的执行与落地。

华为为什么能挑战阿尔卡特，打败朗讯，成为通讯领域的世界第一？正是因为聚焦。

2016 年，任正非接受新华社采访，当记者问及华为成功的基因和秘诀时，任正非回答道："华为坚定不移 28 年只对准通信领域这个'城墙口'冲锋。我们成长起来后，坚持只做一件事，在一个方面做大。华为只有几十人的时候就对着一个'城墙口'进攻，几百人、几万人的时候也是对着这个'城墙口'进攻，现在十几万人还是对着这个'城墙口'冲锋。密集炮火，饱和攻击。每年 1000 多亿元的'弹药量'炮轰这个'城墙口'，研发近 600 亿元，市场服务 500 亿元到 600 亿元，最终在大数据传送上我们领先了世界。引领世界后，我们倡导建立世界大秩序，建立一个开放、共赢的架构，有利于世界成千上万家企业一同建设信息社会。"⊖

（3）适应力

适应力就是基于外部环境及内部资源变化快速迭代的能力。

很多企业往往习惯以静态的眼光来看待问题，只懂得沿着过去的成功路径继续前进，却没有发现环境已悄然发生了变化。如果企业只知道一味地按照固有思维以及过去的模式去实施战略，不但不能走向最终的目标，甚至还会"南辕北辙"，使目标与现实之间的鸿沟越来越大。

战略的执行与落地从来不是一蹴而就的，只有因时、因势对实施路径进行不断调整，才能确保一直走在正确的道路上。

⊖ 新华社."28 年只对准一个城墙口冲锋"——与任正非面对面［EB/OL］.（2016-05-09）［2023-09-28］. http://fms.news.cn/swf/2016_qmtt15_09_2016_rzf.

战略体现的是对未来的思考、预测和筹划，以战略为中心构建组织能力，企业才会长期保持成功。

13.2   流程：企业如何创造价值

如果说战略解决的是企业为谁创造价值，创造什么价值，那么，**流程要解决的则是企业如何创造价值。**

1985 年，迈克尔·波特出版著作《竞争优势》，提出了"价值链"的概念，他认为"每一个企业都是在设计、生产、销售、发送和辅助其产品的过程中进行种种活动的集合体"，并将价值链定义为由互不相同但又相互关联的生产经营活动构成的创造价值的动态过程。这一理论让人们深刻地认识到，企业与企业之间的竞争，不只是某项业务、某个产品、某个环节的竞争，而是整个价值链的竞争，用波特的话来说就是："当你和其他企业竞争时，其实是内部多项活动在进行竞争，而不是某一项活动的竞争。"

价值链的具体落地，就是流程。流程是将投入转化为产出的一系列步骤。企业的经营成果是由业务流程产出的，所以说流程是组织的引擎。正因如此，在非常 6+1 体系中，流程是一个非常重要的组成部分，它上承战略，下接组织架构。

战略与流程的关系非常紧密，**战略靠流程来执行，流程又依赖于战略的指引与支持**。企业确定战略后，就锁定了业务方向，接下来要做的就是集中人力、物力、财力向选好的业务方向前进。这时，接力棒就交给了流程。流程在战略的指引下，驱动业务为客户创造价值，让企业中人人有事做，事事有人管，从而低成本、高效益、高质量地达成战略目标。如果说**战略是"做正确的事"，流程就是"正确地做事"**。

尽管流程对于战略的实现非常重要，但遗憾的是，能对流程进行有意识的管理的企业并不多，尤其是科技和互联网领域的创业公司。当企业中出现了大量需要协调的问题时，管理者往往会认为是因为团队缺乏合作文化，而忽视了对流程里面的各业务职责进行清晰界定和检视。

当然，一个企业是否能实现战略目标，不只取决于流程，还取决于流程背后的组织架构。流程中的任何一个环节、任何一项工作，都必须有具体的部门、人员来承担和负责，否则便无法落实。因此，流程是建立在企业现有的组织架构之上的，要想使流程高效运行，组织架构及相应的规则、制度、管理模式就必须科学合理。如果组织架构对流程造成了掣肘，那企业应该对组织架构进行适当的调整。

关于组织架构和流程的关系，华为有一个生动形象的比喻："我们的组织与流程，应像眼镜蛇一样，蛇头不断地追随目标摆动，拖动整个蛇身随之而动，相互的关节并不因摆动而不协调。"

那么，到底什么是流程呢？流程是一套完整的端到端的、为客户创造价值的活动连接集合。总体而言，流程可以分为三大类。

- **主流程** 从捕捉客户需求到满足客户需求的端到端流程，是为客户创造主要价值的关键业务流程，如产品设计、生产制造、销售服务等。
- **辅助流程** 不直接生产企业的产品和服务，但与职能团队相关的、为主流程提供支持的流程，如人力资源管理、绩效与激励、财务审批等。
- **管理流程** 管理人员在支持业务流程时所使用的流程，能为主流程和辅助流程明确规则、制度、方法，如战略管理流程等。管理流程不是日常经常使用的流程，高管团队可能一年只会执行几次。

我们在梳理和管理流程时需要关注以下三个方面：一是流程目标，包括每个业务流程的总目标及流程的每个关键步骤的子目标；二是资源支持，即每个业务流程所需要的人、财、物的支持；三是流程接口，指的是流程步骤之间特别是跨部门流程之间的空白地带。

无论是主流程、辅助流程还是管理流程，在企业中都是客观存在的，只不过有好的流程和坏的流程的区别。**所谓坏的流程，就是未被管理的流程**，它们会导致企业变得无序，使踢皮球、扯皮、无人负责的问题频频出现，大大降低组织的整体效率。而**好的流程就是被管理的流程**，它们使企业分工明确、责任具体到个人，还能优化工作方式和业务模式，让企业的运营更加规范、有序，从而降低企业成本，提高企业效率，控制风险。

要想使企业的流程变成好流程，促进组织效率的提升，企业需要对流程进行有意识的管理。亚马逊获得成功的一个关键点就在于，它对流程进行了有效的管理。

以亚马逊的退款处理为例，亚马逊为了给用户提供更好的体验，设计了一个"按灯"流程：不管一个商品卖得多好，或者一个促销规则多么成功，只要这款商品或者这个促销规则收到两次以上的同类问题投诉，一线客服人员就有权力直接按下"红灯"键，将这款商品或者这个促销规则直接下架。

关于这个流程机制的由来还有一个故事。据说亚马逊要求所有员工必须到客服岗位轮岗，即便是贝佐斯也不例外。贝佐斯做客服时，正在向一位客服学习如何处理投诉电话，恰好有用户打来电话，说自己购买的一款草坪家具在收到时就出现了破损。那位客服摇摇头，打开一个链接，对贝佐斯说"一定是这款草坪躺椅"。贝佐斯纳闷地问他："你怎么知道一定是这款？"客服说，这款商品的包装箱很薄，偏偏这个用户所在地区的快递商习惯了粗暴装卸，于是，这款躺椅在这个地区的投诉率很高。接下来，他又无奈地对贝佐斯说，我只能按照要求向用户道歉，给他换货、赔偿，但问题并没有得到根本解决，甚至用户收到的新商品很可能还会有破损，这些问题我们反映过很多次，但是处理流程很慢，在这期间，我们还会不断地收到用户的投诉。愤怒不已的贝佐斯当即决定增加一个"按灯"流程，让客服人员能更快捷地处理类似的问题，以此来倒逼相关人员提高解决问题的效率。[⊖]

有意识地进行流程管理，先要对流程设计有基本认知。

流程的价值是支持公司战略的实现，战略目标实现方式就是整合内外部的资源以适应外部环境，所以，每个公司的流程设计必须基于自己的战略、业务模式和竞争力来进行。比如，中国跨境电商巨头 SHEIN 的战略和业务定位是"追求极致性价比的快时尚品牌"，"快"和"省"就是它的核心竞争力。为了实现"快"和"省"，SHEIN 的流程图设计就必须围绕前端需求捕获（快速获取和组合时尚元素）、商品企划营销 & 测品（快速测试、筛选爆品）、供应链协同（小单快返和极致成本的柔性供应链）、规模化 & 仓配履约（高效的跨境物流服务）等核心能力建立起来，如图 13-3 所示。

流程设计的过程中需要探寻以下问题：

- 公司经营的重要利益相关者有哪些？他们有什么价值诉求？
- 公司的战略方向和战略目标是什么？公司的核心竞争力是什么？
- 公司重要的输入、生产和输出模块有哪些？
- 每个模块的流程从哪里开始，到哪里结束？
- 每个模块的流程接收的资源是什么？产出是什么？
- 哪些辅助流程为它提供输入或者接收它的产出？
- 每个模块的主流程包括哪些重要的子流程？
- 流程的产出目标是什么？
- 公司目前的业务流程目标与公司的战略和组织目标一致吗？

⊖ 中国质量万里行. 亚马逊"按灯制度"的借鉴意义［EB/OL］.（2022-11-30）［2023-06-18］. https://baijiahao.baidu.com/s?id=1750933053145569975&wfr=spider&for=pc.

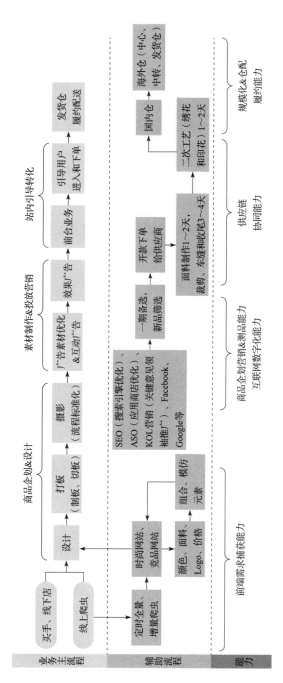

图 13-3　SHEIN 的流程图

资料来源：浙商证券研究所。

在完成了以上的探寻后，基于战略需求的业务流程初步模型就初步呈现出来了。

接下来要做的是流程诊断，流程诊断有三个可以入手的点。

第一，从耗时最长的流程环节入手。

如果你想优化流程管理，从耗时最长的流程环节入手是一个非常好的开始。特斯拉对流程的改善就采取了这样的思路。

在汽车制造行业，车身底板的生产耗时很长，因为这一环节需要先通过冲压将数以百计的低碳钢板（或铝板）压成想要的形状，然后再通过焊接将它们焊成一个整体，工艺极其复杂。这一环节经常拖慢整个生产节奏。

传统汽车制造工厂早已习以为常，而追求极限制造效率的特斯拉却无法忍受这一点。为了提高流程效率，特斯拉决定从这一环节入手进行流程改善。2020 年 9 月，马斯克宣布，特斯拉将应用一体化压铸技术生产 Model Y 后车身底板，这一大胆而又创新的做法极大地提高了特斯拉的生产效率和利润率。特斯拉 2022 年年度财报显示，2021 年特斯拉的产量达到 93 万辆，到 2022 年，其产量继续飙升至 137 万辆，汽车业务的毛利率也从 2020 年的 25.6% 上升至 28.5%。

第二，从成本或者预算最高的流程环节入手。

从成本或者预算最高的流程环节入手，也是一个不错的选择，比亚迪的案例就值得借鉴。

比亚迪在创业初期想要进入被日系厂商把持的镍镉电池领域，然而，在当时，建设一条镍镉电池生产线动辄需要投入几千万元资金，刚创立不久的比亚迪并不具备这样的实力。

为了以更少的成本进入这一领域，比亚迪创始人王传福独辟蹊径：把整条生产线分解为多个环节,核心环节采用自动化控制,而其他相对次要的环节则由人工完成。通过这种方式,比亚迪只用了 100 多万元就完成了镍镉电池生产线的建造。

这种自动化与人工化紧密结合的生产线为比亚迪带来了巨大的成本优势,也因此成为比亚迪的法宝,使其在创业初期就以 40% 的价格差猛烈冲击着日产电池的价格体系。[○]

第三,从出错最多的流程环节入手。

流程诊断也可以从出错最多的流程环节入手。

菜鸟在 2013 年确定了"三张网、两把刀"的战略之后,拆解出了要打的"三大战役",其中两大战役都与快递行业最容易出错的环节相关。一是在分拣环节采用电子面单。因为影响快递公司和物流公司效率的关键是分拣,过去大都是人工分拣,错误率高,效率低,通过电子面单这种智能方式,分拣的准确率提高了很多。

二是面向配送环节使用 4 级地址库(目前已升级到 5 级)。过去,如果快递的收件地址填写得不够详细,快递员需要进行大量重复的电话沟通,还有可能配送错误。而结合高德地图的地址数据形成了 4 级地址库后,快递的收件地址就精确到了小区的楼栋,极大地提高了快递员的配送准确性。

流程是工业时代的产物,但在信息时代和未来的智能时代,企业也可以通过业务流程设计和变革提升自身的效率,企业必须高度重视流程管理。

○ 中国经营报–中国经营网. 比亚迪:中国式低成本创新范本［EB/OL］.(2019-11-23）［2023-09-28］. http://www.cb.com.cn/index/show/sd/cv/cv13421141314.

13.3　组织架构：企业如何排兵布阵，实现价值

构建好业务流程后，工作不会自动完成，每个流程上都要配备具备相关能力的人来支持工作的完成。这就需要排兵布阵，也就是设置组织架构。

组织架构是非常 6+1 体系的重要环节，**组织架构的设置会极大地影响组织效能**。在一个组织架构合理的企业中，各项业务活动都能有条不紊地开展，生产效率不断提高，工作流程日益完善，员工也能保持较强的主动性，愿意为企业的发展贡献力量，组织效能由此达到最大化。而一家组织架构十分混乱的企业往往职责模糊，员工们对自己所从事的工作摸不着头脑，最后导致工作效率低下，企业难以得到更好的发展。

对很多人来说，组织架构虽然经常被提及，但始终是一个宽泛的概念。其实，我们用一句话就能让大家充分理解什么是组织架构：组织架构就是**谁和谁怎样在一起工作**。具体地说，组织架构是横向分工体系（业务流程）及纵向层级体系（权利分配和决策）的结合体。

1. 组织架构的基本形态

企业的组织架构形式是多种多样的，但从企业发展的视角来看，几乎所有的组织架构都是 3 种最基本的组织架构——直线职能型（金字塔型）、事业部制和矩阵型的演化和变形。

（1）直线职能型

公司在发展初期，通常是由老板带着几个业务骨干一起干活，老板作为公司的负责人直接领导业务骨干，老板和员工都是多面手，身兼数职，没有非常明确的分工。随着业务的发展，公司需要更多员工，规模开始扩大，在这种情况下，老板无法一个人直接管所有员工，于是需要将部分权力和责任下放给某些员工，这些员工就是公司最初的管理者。这些管理者会分管公司

的人事、销售、生产等不同环节，横向的分工协作和纵向的权利分配由此产生。此时，直线职能型组织架构的雏形已经基本形成。

通常，单一类型产品的公司都属于这种组织架构。在发展早期，阿里巴巴集团只有跨境电商这个业务，它当时使用的组织架构就是直线职能型，由技术、销售、财务等不同的部门构成，如图 13-4 所示。

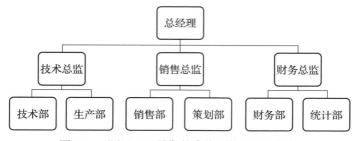

图 13-4　阿里巴巴早期的直线职能型组织架构

后来，随着公司规模的不断扩大，销售团队有了区域之分，但依然沿用了直线职能型组织架构，只不过形式有所演变，如图 13-5 所示。

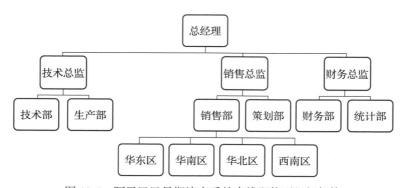

图 13-5　阿里巴巴早期演变后的直线职能型组织架构

（2）事业部制

随着规模不断扩大，公司通常会开始拓展新的产品线，其经营范围持续扩大，市场快速扩张，此时，一个难题随之出现：公司内部的协调因为市场不同、产品不同等因素变得越来越复杂，直线职能型组织架构已经很难支撑公司在这个阶段的发展了。事业部制应运而生。有些公司是以产品分类作为划分事业部的依据，如图 13-6 所示。

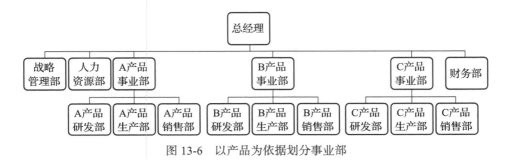

图 13-6　以产品为依据划分事业部

阿里巴巴 B2B 业务平台就曾用过这种事业部制，划分出了国际事业部（负责国际业务）和国内事业部（负责国内批发业务）。还有一些公司在这个阶段因为区域政策的不同而选择按区域划分事业部，比如国内大多数房地产公司，如图 13-7 所示。

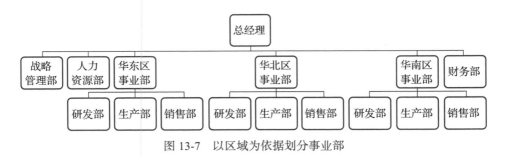

图 13-7　以区域为依据划分事业部

当然，还有一些公司既没有按照产品划分事业部，也没按照区域划分事业部，而是对客户进行分类，针对不同类型的客户群体组建事业部，如政府客户事业部、企业客户事业部和大众客户事业部等，如图 13-8 所示。

（3）矩阵型

通常来说，直线职能型和事业部制组织架构能够满足 80% 以上公司的日常运营所需。但还有一些公司，需要匹配更复杂的组织架构——矩阵型。威廉·大内在1981年出版的《Z理论》一书中提到了矩阵型组织结构这个概念，矩阵型组织结构是指把按职能划分的部门和按产品（或项目、服务等）划分的部门结合起来，组成一个矩阵，使同一个员工既同原职能部门保持组织与业务的联系，又参加产品或项目小组的工作，即在直线职能型的基础上，再增加一种横向的领导关系。为了保证完成一定的管理目标，每个项目小组都设负责人，在组织最高主管直接领导下进行工作。矩阵型组织架构的基本模式如图13-9所示。

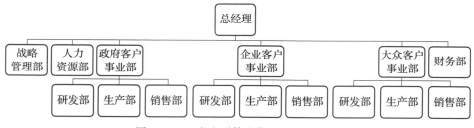

图 13-8　以客户群体为依据划分事业部

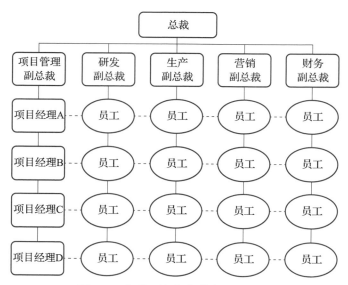

图 13-9　矩阵型组织架构的基本模式

矩阵型组织架构是大型企业发展到一定程度后基于总部的职能资源、为了实现多产品多项目的复用而采用的一种组织架构，宝洁是使用矩阵型组织架构的典范，它经过多年的发展形成了成熟的矩阵型组织架构，如图 13-10 所示，为宝洁的高效运营与快速发展提供了强有力的保障。

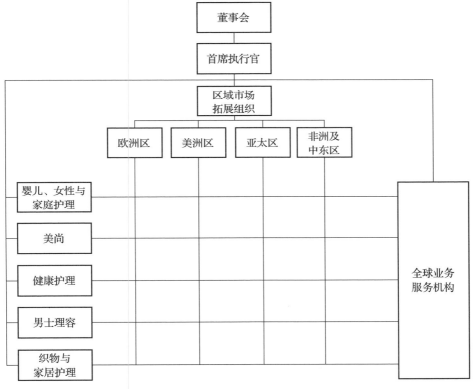

图 13-10　宝洁的矩阵型组织架构

当然，企业的组织架构设计没有固定的模式。我们不能因为一种组织架构是传统的、是过去提出的，就认定它是过时的、落后的，而应根据自己的战略需求、业务形态和组织规模对组织架构进行各种调适，由此形成适合企业实际情况、能促进企业发展的组织架构。对企业而言，**没有最好的组织架构，只有最适合当下战略需求的组织架构**。

2. 组织架构的设计

无论选择了哪种形式的组织架构，企业都要根据自身的具体情况做进一步设计。面对混沌、复杂、不确定的外部环境，敏捷、灵活成为企业设计组织架构的核心诉求。

要让组织架构灵活而有弹性，企业需要做到两点。

- 组织架构的设计要基于战略需求，围绕业务价值链的流动进行。
- 组织架构需要被有意识地组织，包括要确定部门之间如何进行协作、部门之间产生冲突如何解决、上下游交付的过程管理等。

基于此，一个完整的组织架构应该包含四个要素。

- 业务结构（输入结构、输出结构、交换结构）和业务模块
- 部门设置及交付关系（谁为谁提供什么）
- 岗位设置及岗位职责（人岗及权责利的匹配）
- 部门之间的交付原则（如何进行过程管理、处理冲突及组织协同）

具体来说，组织架构应如何设计呢？我们可以遵循以下 4 个步骤。

第一步：梳理业务结构和业务模块。

企业的组织架构通常是围绕业务设置的，因此，对业务结构进行梳理是非常关键的一个步骤。企业的业务结构通常可以分为三种类型。

- **输入结构**　与资源相关的模块，包括人、财、物及给生产提供支持的所有要素和资源。企业的职能团队和总部的支持部门都属于这一类型。

- **输出结构**　即产品生产板块，也就是企业生产提供给客户的产品的过程。对生产制造行业来说就是产品制造的过程，对互联网行业或者科技行业来说就是产品从创意到技术和产品研发的过程。
- **交换结构**　企业与客户互动、进行价值交换的板块，通常市场营销、渠道和销售团队都属于这个类型。

明确了三种业务结构之后，根据战略目标的需求，我们要梳理出各种业务结构都应该有哪些产出，然后根据它们的产出，在其内部梳理出需要的业务模块，比如输出结构承担的是产品生产、制造的任务，那么它就应该包括研发、生产等模块，输入结构则应该包括人力资源和财务、采购等模块。

第二步：确定部门设置，分析交付关系。

业务模块划分出来之后，每个单独的业务模块就是组织架构上显示的部门了。每个部门需要围绕各自业务结构的目标梳理出自己的产出目标，这个产出目标就是部门职责。有了业务模块后，接下来的重点是分析这些业务模块之间的交付关系。到这里，组织架构的设计已经形成基本框架了，图 13-11 是一个示例，可以帮助我们加深理解。

如图 13-11 所示，共享中心（包含人力资源管理、财务管理、IT 管理等部门）需要为所有业务模块提供支撑服务，所以，共享中心和所有业务模块都有交付关系。技术研发中心需要为营销中心提供产品的具体功能和使用说明以提炼产品卖点，为客户做产品演示，而营销中心又需要将客户反馈信息提供给技术研发中心以迭代或开发新产品，同时技术研发中心需要生产中心将其研发成果变成产品，也需要供应链中心为研发产品提供原材料支持，所以，技术研发中心和生产、供应链及营销模块都有交付关系。而供应链中心就只需要和技术研发中心、生产中心有交付关系。

之所以要在部门设置这个环节分析部门之间的交付关系，是因为组织架构是横向业务流程关注的分工体系与纵向层级关注的权利分配和决策体系的结合体，交付关系就是组织架构的横向分工的具体体现。

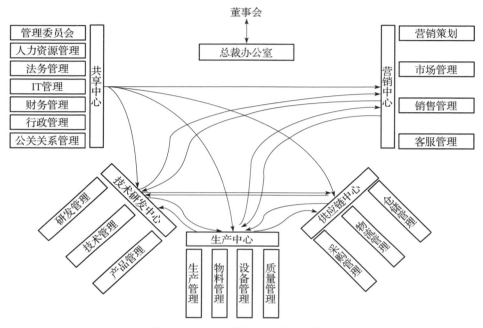

图 13-11   业务模块的交付关系示例

第三步：明确岗位设置及岗位职责。

完成了业务结构的划分与部门设置后，我们接下来要做的就是明确岗位设置。在这一步，有几个需要明确的关键点，那就是这个岗位主要的价值产出也就是岗位职责是什么，需要什么样的能力，以及由谁来做某个业务岗位的负责人。比如，输入模块由谁来负责？是由一个人来负责，还是由两个人来负责？在进行业务结构梳理和部门设置的过程中，管理者就可以开始思考这些问题。确定好部门的负责人后，再由部门的负责人基于业务模块的需求和公司内部实际的人才情况，对部门内部的组织结构和管理层次进行设置。

排兵点将应基于企业战略发展的需求，充分考虑人才的能力以及人才与业务的适配性。简单来说，就是**人与事要结合，用正确的人做正确的事**。

当然，要做事就需要资源与权力，所以权力分配也是至关重要的。所谓权力分配，就是规定谁能在什么层面上做什么决策。我们讲的敏捷组织和"让听得到炮火的人做决策"就是把一部分决策权放在一线。

第四步：明确部门之间的交付原则。

在公司实际的经营过程中，部门之间的冲突是不可避免的，组织不是要消灭冲突，适当的冲突可以给组织带来活力和创新，关键在于要合理地处理冲突，否则会影响到业务目标的实现。大部分的冲突源于部门之间的交付过程，比如供应链部门和生产部门之间在原材料的交付过程中有可能会因为产品规格、质量、价格、时间等问题产生冲突。当产品成本过高、产品交付出现延期时，生产团队会认为这是由供应链团队没有及时提供生产所需要的生产资料或者供应链的采购成本过高导致的，而供应链团队会认为这是由于生产团队没有明确需要什么样的生产资料，使采购过程浪费了大量的时间和采购成本导致的。我们可以用交付原则来解决这些冲突，从而提升效率。

组织架构的交付原则包括三方面。

- 上下游交付的过程管理原则　上下游团队要经过沟通，明确需要什么产品或者服务，需要在什么时间交付，以及如何交付。
- 部门间产生冲突的处理原则　如果部门间产生了冲突，冲突处理的方式是什么，是交由上级决策还是开会协商解决，如果是开会协商，那协商原则是什么。
- 部门之间的协同原则　明确双方在交付的过程中有可能出现的问题是什么，以及预警机制和风险预案是什么。

至此，企业组织架构的设计就初步完成了，但这并不是终点。随着企业的不断发展，组织架构很可能不再与战略相匹配，因此，我们还需要不断地对其进行调整。

在非常 6+1 体系中，战略、流程与组织架构这三个要素是企业经营管理的必选题。无论你是否有意识地在做，战略、流程和组织架构都在发挥作用，只是有意识的管理和无意识的管理对企业经营的影响差距是非常大的。接下来的四个要素则是企业战略落地的加分项，几乎所有基业长青的公司在这些方面都做得非常优秀。

13.4　人才：以生生不息的人才成就业务发展

如果一家企业的战略目标明确、流程清晰，并且做好了排兵点将，那么，它在市场上与其他企业竞争的就是组织中人才的成事能力了。人才是非常 6+1 体系的一个重要要素。

人才是企业乃至国家最宝贵的资源，不过，尽管几乎所有的企业家都说自己重视人才，但很多企业家在企业经营的过程中**往往会犯"战略上重视，战术上藐视"的错误**。

很多企业家会从战略的高度重视培养和用好人才，比如，他们会在公司的各种会议上强调人才的重要性，会把"以人为本"写进公司的章程中，但是到了执行层面，却把这件事全盘交给了人力资源团队。促进人才发展当然是人力资源团队的职责，但是如果一把手不去强力推动，重视人才的战略在战术上就得不到真正的贯彻。有时候，人力的浪费会成为组织最大的浪费。

我们曾经为一家创业公司提供陪伴服务，这家公司在经历了非常迅速的规模扩张后遭遇了融资失败，资金链一下子断了。为了自保，它只能裁员，缩小团队规模。原本以为是断臂求生，谁知在裁员之后，CEO 发现公司一样可以正常运转。他对我说："苗老师，我发现我把一半的人砍掉之后，我们的业绩没有变化。原来，只用一半的人也能完成业绩目标。"如果这位 CEO 早一点亲力亲为抓人才工作，过去在人力成本上的巨大浪费或许就能节省下来了。

那么，这种"战略上重视，战术上藐视"是如何产生的呢？

在辅导的过程中，我与很多创业公司 CEO 进行过交流，我发现，他们的公司在人才发展过程中存在着一些共同的痛点。

一是"三无"，也就是无目标、无培育、无储备。很多企业在用人时才发现自己过去没有培养好人才，导致人才青黄不接。这体现了一种认知误区——认为人才培育是人力资源团队的事情。其实，这种观点是错误的，人才培育和发展应该是高管团队最重要的几件事之一，遗憾的是，我们看到很多企业的高管会议很少谈到人才发展。

二是野蛮生长，看天吃饭。当企业快速发展时，组织也会随之扩张，一支原本只有几十个人的团队可能在很短的时间里就扩张到上百人。但在这个过程中，企业只是盲目地招人，却没有对人才进行系统性的培养，完全是看天吃饭。

有个企业家问我："苗老师，我们公司在销售团队快速扩张的过程中，员工的流失率非常高，这正常吗？"

我告诉他，这是否正常取决于企业的人才策略。举个例子，阿里巴巴的中供铁军在 2003 ～ 2006 年也经历了快速扩张的阶段，在这个过程中，人才流失也很严重，有时员工流失率甚至达到 100%。但这是阿里巴巴有意为之的，是为了用这种大浪淘沙的方式来筛选、沉淀公司需要的人才。

但赶集网的情况却完全不同。我 2014 年加入赶集网做人力资源总监的时候，赶集网与 58 同城正打得如火如荼。为了打赢这场仗，赶集网不断进行大规模扩招，但招的多走的也多，因此，当时赶集网的员工流失率差不多也达到了 100%。这时，我们没有像阿里巴巴一样放任这种情况继续发生，因为这一阶段的赶集网是没有时间进行大浪淘沙式的人才沉淀的，而是需要在最短的时间找到有能力的人去打仗。因此，我采取的策略是"宽进严出"，尽可能多地把相对合适的人招进来，然后引导他们尽早适应自己的岗位，帮助他们更快地成长。

为此，我采取了很多措施，比如，设立了专门负责招聘的项目小组，招聘专员、培训专员和业务经理全都参与其中。这个项目小组的一个重要职责是对招聘员工的留存负责。对流失的每一个员工，我都要求相应的管理者去访谈，了解流失的原因，看看是招错了人还是管理有问题。再比如，推行内部推荐制度，激励员工把更多的人带进我们的队伍。通过这些方式，员工流失率很快就降了下来。

企业的人才发展一定要有规划，要根据企业的业务情况做出合适的策略选择。如果"野蛮生长，看天吃饭"，很可能造成"该走的没走，该留的没留"的混乱现象，使企业在急需用人的时候无人可用。

三是"流水的营盘流水的兵"。当企业处于快速发展期时，随着业务的发展，企业需要引进具有更高能力的人才。有的人在加入新公司时会把过去的业务经验复制过来，如果企业没有将这些经验沉淀成组织能力，当这个人离职后，企业的业务就会一朝回到解放前。我们接触过的很多快速发展的企业都面临这样的问题。

四是关注个体能力，忽略团队能力。我接触过的很多企业都是 CEO 亲自带业务，一个公司一大半的项目都是 CEO 拿下的。这些 CEO 的个人能力的确很强，但这对企业不一定是好事，因为这样团队能力就无法成长起来。把优秀管理者的能力提炼出来变成组织的能力，促进团队的成长，企业才能得到更迅速的发展。

五是人才工具化。很多企业一再宣扬要视人为人，但实际上做的却是视人为工具。视人为人和视人为工具最大的区别在于，当企业把一个员工招聘进来的时候，考虑的不只是他能为企业创造什么价值，还有企业能为他创造什么价值。以此为出发点，企业就会充分重视员工能力的成长，而不是只把他当成工具，用完了就换更有用的人。

这些痛点带来的问题是，企业无法形成完善的人才发展体系，人才这种宝贵的资源因此无法充分发挥其价值。

那么，如何才能解决这些痛点，挖掘人才的价值，让人才真正成为资源呢？有四个关键点。

第一，明确人力发展需求，基于战略发展需求做好人才发展规划。

首先要做的是明确企业的人力发展需求。我们说企业的人才发展不能"三无"，一定要有目标，所以，企业家或者人力资源管理者在建立人才体系的时候，首先要思考 4 个问题。

- 企业的经营发展是为了实现什么样的目标？
- 为了实现这个发展目标，我们需要什么样的人才和团队能力？
- 企业目前的人力资源是否能够满足企业的需求？差距在哪里？
- 基于业务发展需求和组织现状，我们需要在人才培育方面做什么？

把这些问题想清楚了，企业的人力发展需求才能自然而然地浮现出来。

明确人力发展需求后，下一步就要制订人才发展规划。

制订人才发展规划的关键是对内部的人才进行盘点。如果能从内部选出合适的人，对企业来说是一件一举多得的好事。既能实现内部员工的合理配置和良性流动，充分利用企业内部的人力资源，降低人力成本，又能鼓舞员工的士气，提高他们的工作积极性。而且，由于员工对企业的文化、环境、管理模式、业务范围以及流程已经有深入的了解，能够更全面地理解和把握企业经营的战略意图，胜任的可能性较大。

阿里巴巴的童文红，刚入职的时候做的是前台的工作，然后做客户服务、人力资源、工程建设、采购……20 年来历经多个岗位的磨炼，最终成为阿里巴巴的 CPO、资深副总裁。童文红之所以能够在实践的战场上历练出来，很重要的一点在于阿里巴巴能够通过人才盘点发现她，并且信任她，给她在不同的岗位上实践的机会。

我们在辅导企业的时候，要求 CEO 手里必须有两张表，一张是公司业务流程表，另一张就是人才盘点表。

我们给一家创业公司做人才发展咨询时，这家公司的 CEO 说"无人可用"，他们的业务经常调整，每次调整后都需要重新进行人才布局，每次都要花很长时间解决由谁来带新业务的问题。我们让他给我们看看公司的人才盘点表，他告诉我们公司没有这样的表。

于是，我们让他回去在一个月之内与公司二级、三级团队的员工及核心业务骨干各进行一次一对一的交流，听他们聊聊对公司和工作的理解以及目前的绩效情况，然后填写一张人才盘点表。

一个月后，那位 CEO 找到我说："苗老师，聊完之后，我发现公司有好多人才，只是我以前对他们不太了解，也没有把他们放在合适的位置。"

人才盘点也是公司人才发展和培育的起点，弄清楚了公司内部员工的绩效和潜力，就能够有针对性地进行人才培养和培育。但是，很多公司的人才盘点由于目的不清晰，人才盘点的价值也没有被高管团队认识到，最终变成了人力资源团队的项目，费时费力不讨好，这实在是可惜。

有一次，我给一家国内知名企业的人力资源团队上课，他们问我人才盘点如何与人才发展结合起来，我问他们："业务负责人会参与公司的人才发展项目吗？"他们的回答是"不参与，只是听汇报"。我对他们说，如果业务负责人不参与，人才盘点表上的数据就只是数据而已，没有任何价值，只有他们参与了，表格上的人名才有意义。

　　事实的确如此，企业的经营管理者只有了解了人力资源的现状与业务需求之间的差距，才会有意识地投入到人才发展的过程中，无论是招人、用人还是育人，都会有的放矢，事半功倍。

　　人才盘点后如果人才仍存在缺口，则要开展外部招聘。

**　　第二，建立系统化的人才选育体系。**

　　人才的培育与发展应该像种庄稼一样，春天播种，夏天施肥、除草、除虫，到了秋天才会有收获。因此，企业要建立系统化的人才选育体系，有效地选拔人才和帮助人才成长。

（1）人才选拔

　　关于人才选拔，第一个非常重要的关键点在于明确企业的人才标准。

　　在对企业进行人才发展辅导时，我们发现，绝大部分企业没有把人放在合适的位置上，是因为它们根本没有明确的人才标准。而不花时间选对的人，就永远在带错的人。

　　阿里巴巴中供铁军在业务发展高峰期，提炼了优秀员工应具备的特质，并将其总结为北斗七星选人法，如图 13-12 所示。北斗七星选人法就充分体现了阿里巴巴的人才标准，它对阿里巴巴 B2B 业务的发展起到了重大的作用。

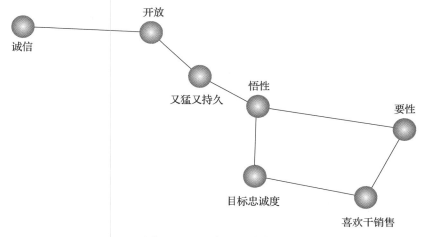

图 13-12　北斗七星选人法

在北斗七星选人法中，斗柄就像灯塔一样，为一个人的发展指明方向。诚信居于斗柄最顶端的重要位置，因为它是人才应具备的最根本的素质，没有诚信的人是不可用的。同样位于斗柄的还有两个标准——又猛又持久和开放。这两者属于个性特征，指的是能吃苦耐劳、坚韧执着、抗压性强、乐于沟通、愿意与人相处。目标忠诚度、喜欢干销售、要性、悟性都是有自驱力、能发挥主观能动性的表现，这四个标准组成了斗勺，缺一不可。其中，目标忠诚度指的是忠于对目标的追求，愿意通过脚踏实地的工作实现目标。喜欢干销售指的是对销售工作有兴趣。要性指的是有对个人成长、事业成功、财富积累等目标的追求和渴望，只有当一个人内心真的渴望时，才会有积极性。而悟性指的是学习和思维能力，能不断吸收知识和经验，善于归纳、演绎和迁移。

除了北斗七星选人法之外，阿里巴巴对公司管理团队的选用也有明确的标准，即九阳真经，如表 13-1 所示。

表 13-1   阿里巴巴的九阳真经

领导力	行为描述
客户第一	1）客户第一，员工第二，股东第三 2）走近客户，了解客户，为客户解决问题 3）建立并不断完善机制确保客户满意
团队合作	1）平凡人做非凡事，领导者是平凡的；荣誉归团队，责任归自己 2）建立以结果为导向的团队文化 3）了解同事，信任同事，营建简单信任的快乐团队
拥抱变化	1）变化是一切机会的来源，我们要以乐观积极的心态采取行动，帮助变化成功 2）理解变化背后的原因，永远以积极正面的声音传达公司信息，带动团队也能够积极行动 3）善于从错误中学习，持续改进
诚信	1）心胸坦荡，清正廉洁，直言有讳 2）对客户坚守承诺，对同事言行一致，对上级客观真实 3）建立流程制度，保障组织健康，承担组织健康的职责
激情	1）追求理想，使命驱动，很傻很天真 2）在诱惑下坚持使命，在压力下又猛又持久 3）把自己的激情转化成为团队的激情，积极影响感召团队

（续）

领导力	行为描述
敬业	1）热爱公司，热爱工作 2）今天最好的表现是明天最低的要求 3）在团队中营造学习和钻研的氛围，好好学习，天天向上
眼光	1）会看，看到别人没有看到的机会，防止灾难 2）会 Sell，让大家参与进来 3）有结果
胸怀	1）领导者是寂寞的 2）胸怀是冤枉撑大的 3）心态开放，能倾听，善于换位思考
超越伯乐	1）找对人：知人善用，用人所长 2）养好人：在用的过程中养人，在养的过程中用人 3）养成人：造接班人，鼓励青出于蓝胜于蓝

如果对北斗七星选人法和九阳真经中的人才标准进行提炼，我们会发现，一个完整的人才标准框架需要具备四个要素。

- 岗位需求
- 知识与能力要求
- 价值观和信念
- 基于价值观和信念的行为描述

这四个要素不能完全交给人力资源团队来进行梳理，通常需要人力资源团队牵头，业务团队的领导班子及业务骨干参与共创，对企业内外部的成功案例进行提炼。企业应把岗位需求整理成结构化的文档作为招聘的参考。同时，还要提醒的一点是，企业的人才标准框架最好每年都跟随业务需求的变化进行更新。

人才选拔的第二个关键点是要建立完善的招聘流程。

各个企业招聘的过程各不相同，但大致的流程却都有章可循。一般来说，人力资源管理者首先根据业务发展的需求制订招聘计划，选择合适的招聘方式，吸引应聘者，然后按照既定的标准，通过笔试、面试等方式选择合适的人才加以录用，并通过考核、培训等措施使新员工更好、更快地适应职位要求。最后，对招聘工作进行评估，使招聘流程得到持续改进和优化，使其能够真正为企业的发展服务。这个流程可以为选人的正确性提供保障。

关于招聘流程，有三点需要特别关注。

一是在面试过程中，要通过丰富的宣传方式，传递公司的价值观和文化，吸引优秀人才加入。阿里云的招聘宣传视频中有一句特别燃的话："让我们一起成为数字世界的创造者，一起驱动数字中国。"这句话能够瞬间激发候选人的使命感，点燃他们对加入阿里云的渴望。

二是组队面试，通过团队招聘提高面试成功率。在组队面试时，面试官的选择是非常重要的，因此，很多企业要求跨两级面试，因为这既能避免因面试官的个人用人偏好而导致的招聘偏差，还能通过对面试结果的复盘对齐招聘需求和面试要求。

我在赶集网担任人力资源总监时，对面试提出了三个要求，一是一线员工的招聘面试终面必须由区域经理来当面试官，二是在面试过程中面试官要使用统一的、结构化的面试题库，三是面试结束后要进行复盘。这些措施大大地提升了一线管理团队的招聘能力以及整体的招聘成功率。除此之外，我们还要求新上任的管理者或者空降高管的面试需要有"师傅"先带几次，通过带、教帮助新人学会"闻味道"。

三是选择大于努力，企业发展的每一次迭代升级都离不开外部优秀人才的加盟。阿里巴巴如果没有蔡崇信、关明生、曾鸣、王坚等关键人才，只靠十八罗汉或许走不到今天。关键人才的招募是企业一把手的重要职责，正如小米创始人雷军所说的**"要花 80% 的时间找人"**。

（2）人才培育

大凡卓越的企业都非常重视人才培育。做好人才培育，首先要搞好人才培训。

在阿里巴巴，每一位新进入公司的员工都要参加为期 2～4 周的名为"百年阿里"的培训。在培训期间，通过上课、拓展、游戏等方式，向新员工介绍阿里巴巴的历史与现状，宣扬其价值观，并培养团队合作意识。

除了"百年阿里"培训外，阿里巴巴还有许多培训，比如"阿里课堂""阿里夜校""管理培训"等。比如，对支付宝的员工，公司会定期请外面的专业讲师为其培训有关银行结算、风险控制等方面的专业知识；对 M1—M10 不同级别的管理人员，公司会分门别类地推出一些管理方面的培训课程；"阿里夜谈"针对公司年轻人多、兴趣爱好广泛的特点，经过员工调查设立了一些主题供大家学习和交流，其中修身养性、行业动态、文化素养、兴趣爱好都是夜谈关注的重点。

不只是阿里巴巴，很多知名企业都有自己的人才培养体系，比如小米。小米的培养体系分为 LD（Learning and Development，学习与发展）与 TD（Talent Development，人才发展）两大系统，其中，LD 偏重于企业的学习以及培训工作，包括培训体系建设、员工的职业发展、建立学习型组织和文化等，TD 主要负责关键岗位的人才发展工作，两者采取的培养手段与方式各不相同，如图 13-13 所示。

一个成熟的培训体系通常包括以下五个部分：

- 线上的员工专业技能和通用技能学习平台
- 先行的专业技能和通用技能培训
- 新人培训

- 储备干部培训
- 各层级管理者技能和领导力培训

图 13-13   小米的培养体系

资料来源：高级 HR 氧职吧 . 干货：培训体系哪家强？名企培训体系一览 [EB/OL] . （2021-01-13) [2023-07-19] . https : //www.sohu.com/a/444327108_761464.

还未建立完善的培训体系的企业可以先从新人培训、员工专业技能培训及管理者技能和领导力培训入手，然后将培训体系慢慢完善。当然，在如今这个知识社会，知识的获取已经非常便捷，很多通用技能的培训不需要企业自己研发课程，通过外部的知识平台采购即可。除此之外，一些数字化工具也可以帮助企业完善培训体系，助力企业人才发展。

做好人才培育，**还要重视人才复制**。

很多企业都会遇到这样的困境：当某些核心员工跳槽或者由于其他原因而离开公司的时候，由于没有合适的人才补充到相应的岗位上，就会出现人才断层，影响企业的正常运转。尤其是当那些中高层管理岗位出现空缺的时候，迟迟无人"补位"甚至会对企业造成毁灭性的打击。因此，人才复制对企业来说至关重要。

IBM 的接班人计划"长板凳计划"值得很多企业借鉴。这个计划的名称源于棒球比赛的一个有趣现象：每当举行棒球比赛的时候，赛场旁边总会放着一条长板凳，替补球员们就坐在那里等待教练的调遣，一旦预定的选手出现问题，坐在长板凳上的第一个人就接替他上场比赛，依次类推。IBM 的接班人计划正与此有异曲同工之妙。

这个计划规定：IBM 的每个主管级的员工在上任之初就必须开始挑选并培养自己的接任者，明确自己的岗位在接下来的 1～2 年内由谁来继任，在 3～5 年内又由谁来继任，并且还必须确保自己的岗位有两个以上的继任者可供选择。

"长板凳计划"是一个完整又有效的管理系统。每年，IBM 都要在全球的管理人员中选择一部分人作为重点培养对象。对这些接班人的培养通常分为四个阶段：第一阶段是扩充他们的专业知识，提高职业技能；第二阶段是通过轮岗的形式让他们体验不同岗位的工作，获得充足的经验；第三阶段是开始对他们进行业绩考核，使他们"八仙过海，各显神通"；第四阶段是要求他们把自己的成功扩大到团队，培养更多的员工。

通过这个计划，IBM 让企业的每个员工都了解到公司对他们的重视，让他们知道公司愿意为他们提供帮助和机会，希望他们能够抓住机会，锻炼自己，不断提高自己的能力，从而胜任更高的岗位。

在 IBM，接班人的培养是主管级员工业绩的一个重要组成部分。如果你培养不出自己的接班人，那么，所有的提拔机会都与你无缘。由于接班人与自己的职业发展以及未来前途是息息相关的，每个主管级的员工都会尽自己最大的努力去培养接班人，主动帮助员工成长、发展。当然，被选定的接班人最终不一定会成为某个岗位的继任者，但是由于因此形成了一个有效的接班群，一旦出现岗位空缺，在最短的时间里就会有人补上。○

○　王立伟. IBM 的"长板凳计划"［J］. 共产党员，2010（19）：25.

不要等到需要人的时候才开始培养人，人才复制越早越好。

人才复制的有效方式是轮岗，这可以帮助企业培育重点人才。

华为有一个观点是，一个人要具备带一个事业部的能力，就需要把这个事业部的所有岗位都轮岗一遍。阿里巴巴和华为都有通过轮岗进行人才培育的机制。我们前面提过，阿里巴巴的童文红在成为 CPO 之前先后经历了 20 多个岗位，从职能团队到业务团队再到 HR 团队，她的能力因此得到不断提升。

通过轮岗，把人放在不同的岗位上，让他"长"出不同的能力来，他就能获得最快的成长。

第三，知识要从个体转移到组织，沉淀为企业能力。

企业的发展是一个积累的过程，在持续发展的过程中，员工们会总结、提炼出许多行之有效的工作经验。把这些工作经验沉淀下来形成企业的知识体系，就是企业独一无二的财富。可以说，**公司最宝贵的资产不是厂房设备，而是经营多年积攒的经验。**

蒙牛创始人牛根生十分重视企业里工作经验的传承，他曾经说过一句十分经典的话："人走了，经验留下。"一个员工可以离开企业，但是在他离开之前，他在从事自己工作的过程中所积攒下的经验必须通过各种各样的方式留在企业中，让其他员工们可以借鉴、复制、学习。蒙牛的快速发展应该在很大程度上得益于此。

由此可见，企业应在内部构建知识共享机制，以讨论会、小组交流等各种各样的方式为员工提供分享知识的平台，让个人的能力沉淀为组织的知识资产。有了这些工作经验的传承与复制，后来者们就不必再去浪费自己的时间和精力来走那些前辈们曾经探索过的老路，可以把自己的重点放在那些更需要的地方，有效地提高了企业的发展速度。

第四，构建多元化职业发展路径，为员工提供成长空间。

在企业中，**员工离职有两个高峰时段。一个时段是入职三个月时，这**

时很多员工感觉自己不适合这家公司，往往会选择离职。另一个时段是员工入职三年时，主要原因是一些员工在这三年里职位没有发生变化，看不到成长空间。

企业要留人，一定要创建激发员工成长的机制，给他们发挥自我价值的舞台，赋予他们广阔的发展空间。一个企业能够使员工自我实现的需求得到满足，员工对企业就会有很大的向心力，对企业的忠诚度也会很高。

因此，企业应重视人才的长期发展，设计各个部门、各个岗位甚至具体到每一个人在企业中的多种发展路径，明确每一条路径的实现条件与步骤，从而设计出一个完善的、多元化的职业发展体系。

而且，企业还要根据人才所处的职业发展阶段，通过绩效评估、工作实践以及建立人际关系等科学而有效的手段，不断挖掘他们的潜能，促进其发展与进步。

通过帮助人才进行发展规划，使他们看到自己以及企业未来的发展愿景，进而对企业产生依赖、信任与信心，最终实现的是企业与员工的双赢。

13.5　绩效与激励：和员工一起找到价值感和归属感

"如果你想要造一艘船，先不要雇人去收集木头，也不要给他们分配任何任务，而是要激发他们对海洋的渴望。"这句话可以说是对绩效与激励的最佳注脚。组织之所以要重视绩效与激励，就是为了激发员工对"海洋"的渴望，让他们愿意与企业一起乘风破浪。

在非常 6+1 体系中，我把绩效与激励放在一个模块，这是因为绩效与激励在组织中都发挥着激发员工内驱力、赋能员工持续成长的作用。绩效与激励如同左右手，缺少任何一个都不完整。但绩效与激励不能完全画等号，接下来，我将分别讲述这两种不同的重要手段。

1. 绩效：绩效管理以过程管理促进战略落地

在辅导企业的过程中，我发现，很多企业对绩效管理存在着很多迷思。

一是绩效工作流于形式，不能服务于战略，变成了"鸡肋"。很多企业的绩效工作是交给人力资源团队去完成的，这从机制设计上就决定了绩效很难服务于战略。绩效管理是战略落地的过程管理工具，通过绩效管理，企业可以实现路径的对齐，完成阶段性复盘、调整以及结果评估。因此，人力资源团队应该做的是提供专业技术，支持各个业务模块负责人用这个工具做好战略落地的过程管理，切记不能主客颠倒。

二是盲目跟风学习大公司的绩效方法，却知其然不知其所以然。有段时间网上盛传 KPI 过时了，OKR 才是这个时代的绩效管理神器，于是，很多企业跟风抛弃 KPI，引进 OKR。我们曾经辅导过一家公司，它曾引进 OKR 方法给高管做培训，并进行了所谓的 OKR 落地，但用了一年后，高管们纷纷吐槽"和之前的 KPI 好像没有什么区别，并没有调动大家的积极性"。其实，很多企业引进 OKR 是因为 Google、字节跳动等大公司都在用，认为它代表了先进的管理水平，但实际上，任何绩效工具的使用都要结合企业文化和业务场景。

三是企业内部缺少绩效文化，管理团队缺少绩效管理能力。这导致管理者应付了事，或者在绩效评估时过于主观，甚至有所偏袒，员工因此不认同绩效管理，更不会心悦诚服地接受绩效考核的结果。

要想真正发挥绩效的作用，我们首先要建立对绩效的正确认知。**绩效管理是战略实现过程中的目标管理，从本质上来说，绩效目标的制定与拆解就是战略目标的层层传递和执行。**因此，绩效管理和战略落地的节奏是一致的。具体而言，绩效管理包括绩效目标制定与拆解、绩效执行与改善、绩效评估与反馈。

（1）绩效目标制定与拆解

在当下这个极具不确定性的时代，企业面对的变化比以往要多很多。我们在做绩效管理辅导时，经常有企业家问："现在这个时代变化太快了，我们经常要进行计划甚至目标的调整，这种情况下，怎么制定和拆解目标呢？"

为了应对这种情况，在制定绩效目标时，我建议采用常态和动态相结合的方法。具体可使用的方法有两种：一是针对中高管的"532 原则"，也就是中高管的绩效目标应该包括 50% 的运营绩效目标、30% 的领导力绩效目标、20% 的创新绩效目标；二是针对普通员工的"73 原则"，也就是 70% 为当前的业务目标负责，30% 为创新探索负责。这样就把绩效目标与企业的变化和创新联系在了一起，让企业在不确定的时代仍然能做好绩效管理。

需要特别强调的是，如同战略目标的制定与拆解，**绩效目标的制定与拆解同样需要一个先从上到下再从下到上对齐的过程，不能由管理者直接拍脑袋"拍"出来**。员工没有完成绩效目标的内驱力，主要是因为他们没有参与到目标制定和拆解的过程中，没有与目标建立关联，将目标视为公司或上级指派的不得不接受的任务。

在和员工一起制定与拆解目标的过程中，有四个关键要素需要考虑。

- **目标（Objective）**　我们想要去哪里？
- **关键结果、指标（Key Results）**　我们需要完成哪些关键任务才能去到那里？
- **关键计划（Plan）**　我们的行动计划是什么？
- **关键行动（Action）**　我们怎么做？

这四个关键要素都要达到一定的标准，拆解才算有效。比如，目标要有挑战性，关键结果、指标要有可衡量性，关键计划要有创新性，关键行动要有可行性。

基于对这四个关键要素的思考，并结合企业的业务形态及文化，一个能充分激发员工内在驱动力的绩效目标就制定出来了。

当然，与员工沟通绩效目标也是必不可少的，在这个过程中，管理者可以用许忠飞老师提出的 6 个计划性问题与员工进行沟通。

- 你想要的是什么？（启发员工对自己的绩效目标进行主动思考。）
- 为什么对你很重要？（激发员工的价值感与内驱力。）
- 假如实现了，成功画面是什么样的？（向员工描绘愿景。）
- 你能做的是什么？（引导员工思考为实现目标应采取的行动。）
- 你如何承诺坚持去做？（将目标具象化。）
- 我（管理者）能为你做些什么？（让员工了解你愿意为其提供资源、辅导与支持。）

这 6 个问题能帮助员工建立个人目标与公司目标之间的联结，激发员工的价值感和原动力，促使员工找到自己的行动方法。

（2）绩效执行与改善

绩效执行的基本原则是**"目标刻在石头上，计划写在沙滩上"**。这指的是目标要坚持不变，但计划要不断地根据现状进行调整和完善。

在绩效执行的过程中，管理者需要对员工进行辅导，最好每个月都针对绩效与员工进行一次阶段性的沟通。每月一次的阶段性沟通的目的就是针对目标的完成情况及时调整优化计划。

管理者可以借鉴约翰·惠特默提出的 GROW 模型辅导员工，与员工进行沟通，我们参考李正治老师的分享[⊖]，对这一模型进行了演绎，使其更加符合本土企业的实际情况，如表 13-2 所示。

⊖　李正治. 李老师对绩效面谈的一些思考（二）——绩效面谈的重要技巧 ［ EB/OL ］.（2020-07-08）［ 2023-09-28 ］. https://www.hrloo.com/lrz/14564676.html.

表 13-2　GROW 模型

目标（Goal）（期望的成果是什么）	现实（Reality）（挖掘真相，澄清、理解实际情况）	选择（Options）（探寻备选方案，征询建议）	意愿（Will）（阐明行动计划，设立衡量标准）
• 你的目标是什么 • 你能具体阐述你的目标吗 • 怎样才算实现了你的目标 • 怎么量化你的目标	• 你目前的状况是怎样的 • 你怎么判断这是准确的信息 • 这种情况是什么时候发生的 • 这种情况发生的频率如何 • 为了实现目标，你都做了哪些事情 • 都有谁与此相关，他们分别持什么态度 • 有哪些原因对你实现目标造成了阻碍 • 和你有关的原因有哪些 • 为了破除阻碍，你都试着采取过哪些行动	• 为了改变目前的情况，你能做什么 • 可供选择的方法有哪些 • 你曾经见过或听说过别人有哪些做法 • 你认为哪一种选择是最有可能成功的 • 这些选择的优缺点是什么 • 调整哪个指标可以提高行动的成功率	• 下一步你将采取什么行动 • 你采取下一步行动的最好时机是什么时候 • 可能遇到的障碍是什么 • 你需要什么支持 • 你何时需要支持，需要谁的支持以及如何获得支持

（3）绩效评估与反馈

　　管理者在绩效管理过程中十分重要，既要扮演好"教练"的角色，又要承担起"裁判"的责任；既要采取适当的措施来鼓励、指导员工有效地提高自己的业绩，又要帮助员工及时发现自身的不足并加以改进。这一切，都有赖于绩效评估与反馈。通过绩效评估与反馈，管理者与员工得以交换信息、充分沟通，从而促进绩效改善，使绩效管理真正落到实处，发挥应有的作用。

　　在绩效评估和反馈过程中，管理者要做到以下几点。

　　一是要本着公正、真诚、善意的原则。

　　要以为员工的成长负责为出发点，并且对每个员工都采取同样的评估标准，要"对事不对人"，不能因为自己的喜好对员工做出主观判断。在进行绩效评估的过程中，要有数据支持，事例佐证。在反馈时尽可能客观、准确、具体地描述员工工作现状，从事实出发，这样员工才会意识到问题所在。

二是要抓核心,不比较。

绩效反馈时要抓住一两个问题重点谈,如果涉及的问题太多,反而会使员工忽略了最重要的信息。要针对员工的某个具体的工作行为提供反馈信息,使员工切实认识到自己的行为与预期目标之间的差距,了解自身需要改进的地方。沟通时不要比较,不要用其他优秀的员工来和做得较差的员工做对比,这样不会起到激励效果,反而会引起员工的抗拒心理。

三是鼓励员工积极参与到绩效反馈的过程中来。

单方面的信息传递效果有限,只有双方的互动才能使整个过程达到预期的目标。因此,职业经理人应该鼓励员工积极参与到绩效反馈的过程中来。比如,在面谈之前,要求员工先进行自我绩效评价,使他们对自己的工作业绩、培训需求以及职业规划有所思考,以便能够在绩效反馈的过程中说出自己的意见和想法,形成双方的互动和良性沟通。

除了以上几点外,还有一个重要的步骤是绩效结果的应用,即绩效评估完成后的论功行赏。如何进行绩效结果的分配取决于企业的绩效激励文化以及企业想要的结果。比如华为和阿里巴巴都是强绩效结果导向的公司,华为的"以奋斗者为本"和阿里巴巴的"为结果付酬"就充分应用了绩效结果,最大限度地激发人才为公司奋斗。

2. 激励:激励的本质是激发人们内心的渴望

博恩·崔西曾说:"管理者成功与否取决于他能否激发普通员工创造出卓越的业绩。你的目标是建立一个无往不胜的团队——成员积极进取,为了实现组织目标而竭尽所能,发挥出最佳效能。"

不过,尽管市面上有无数教管理者做激励的理论、方法,但我接触到的很多管理者依然对如何激发员工的工作动力充满了困惑。尤其在 00 后进入职场之后,如何激励新生代员工就成了做组织咨询时很多高管迫切地想和我们讨论的问题。

关于激励的很多经典理论都告诉我们，物质激励能满足人的低层次需求，而人的高层次需求则需要精神层面的激励。尤其是在 90 后、00 后进入职场的今天，精神层面的激励更为重要。与 80 后、70 后相比，90 后、00 后追求个性与自由，希望实现自我价值，有更强烈的成就动机、自主性和创造力。对这样的员工，我们要**轻管控，重激发**，采用基于激发与赋能的激励方法，**把他们内心的渴望激发出来，让他们自我约束，自我驱动，自我成长**。具体的方法如下。

- **目标激励**　把工作目标和员工的个人目标相结合，激发员工找到工作的动力和创造力。
- **授权激励**　授予员工更大或更重要的权力，激发其潜力，使其取得更优异的成绩。一般来说，人都有进取心，通过给员工授权，员工会更有干劲，自然会投入更大的热情，调动更多的资源，做出更优异的成绩。
- **荣誉激励**　以予以荣誉和奖励的方式对员工的工作表现和成绩给予肯定、鼓励和宣扬。比如阿里巴巴在早期有百万俱乐部，虽然公司对百万俱乐部的员工并没有额外的物质激励，只是会给百万俱乐部的人写一首藏头诗，但是加入这个俱乐部代表了一种至高无上的业绩荣耀。
- **关爱激励**　对员工进行关怀和爱护来激发其积极性、创造性。管理者要把对员工的关心体贴体现在日常的一些细小环节上，让员工感觉到真诚，更能激发其能量。
- **信任激励**　给员工充分的信任，以信任来激发他们的内驱力和工作热情。

在使用这些激励方法时，我们还需要结合一些激励原则，这样激励方法才能起到事半功倍的作用。

目标原则　激励机制中，设置目标是一个关键环节。目标设置必须同时体现组织目标和员工的需求。

物质和精神激励相结合的原则　物质激励是基础，因为员工首先具有"经济人"的属性，从企业获得经济利益来满足自己生存和发展所需是他们最基本的需求。企业与员工之间的经济联系是其他一切联系的基础，如果割断了企业与员工之间的经济纽带，激励也就无法发挥作用。而精神激励是根本，将这两者结合在一起，才能更大程度地激发员工的热情与积极性。

合理性原则　激励的合理性原则包括两层含义：其一，激励的措施要适度。要根据所实现目标本身的价值大小确定适当的激励量；其二，奖惩要公平。

明确性原则　激励的明确性原则包括三层含义。其一，明确，即明确激励需要做什么和必须怎么做。其二，公开，特别是涉及员工关注的奖金分配等问题时，公开尤为重要。其三，直观，实施物质奖励和精神奖励时都需要直观地表达出来，清晰呈现奖励和惩罚的标准，因为直观性与激励影响的心理效应成正比。

时效性原则　要把握激励的时机，"雪中送炭"和"雨后送伞"的效果是不一样的。激励越及时，越有利于将人们的激情推向高潮，使其创造力连续有效地发挥出来。

正负激励相结合的原则　所谓正激励就是对员工符合组织目标的期望行为进行奖励，负激励就是对员工违背组织目标的非期望行为进行惩罚。正负激励都是必要而有效的，不仅作用于当事人，而且会间接地影响周围其他人。

按需激励原则　激励的起点是满足员工的需要，但员工的需要因人而异、因时而异，并且只有满足最迫切需要（主导需要）的措施效价才高，激励效果才好。因此，领导者必须进行深入的调查研究，不断深入了解员工的需求层次和结构，有针对性地采取激励措施，才能收到实效。

13.6　文化与领导力：是灵魂，也是企业发展的天花板

在非常 6+1 体系中，文化与领导力处于最中心的位置。之所以把它们放在如此重要的位置，是因为组织文化与领导力决定了企业的生命力。**一家企业只有有了文化与领导力，才有了灵魂。**而且，文化与领导力不仅跟战略强相关，跟组织架构强相关，跟人才、绩效与激励也是强相关的。

但是，在我们接触的很多企业中，经营者对于文化的理解就是贴在墙上的关于使命、愿景和价值观的口号，或者企业发展过程中对员工的行为要求。

有一次，一家企业请我们给高管团队做一天的文化共创工作坊，当我问到共创的目的是什么时，负责人表示，公司负责制定企业文化的人力资源部门已经把公司的使命、愿景和价值观提炼出来了，并向大家做了宣传，但是感觉并没有发挥预想的作用，因此想把大家召集起来，通过共创让高管推动企业文化的落地。我又问公司的使命、愿景和价值观是怎么形成的，对方给出的答案果然不出我所料——是由负责制定企业文化的团队牵头提炼，公司负责人审批产生的。

这家公司在文化建设方面最大的问题就是高管团队不清楚文化到底是什么，以及如何才能让文化真正产生价值。

组织文化理论的鼻祖埃德加·沙因对组织文化是这么定义的："一套共享的基本假定，由特定群体在处理外部适应和内部整合问题的过程中学习而来，由于运作效果好而被认可，并传授给新成员作为感知和思考与外部适应和内部整合有关的问题的正确方式。"

简单地说，**文化是一个组织在长期经营实践中逐步形成的被全体员工
认同、遵守的价值观念、经营准则、企业精神、道德规范、发展目标等。
而领导力是文化的核心子集，是战略、流程、组织架构、人才、绩效与激
励有效运转的关键。** 文化和领导力是一个硬币的正反面。领导者是文化的设
计者，文化形成后又会反过来影响领导模式的选择。如果文化功能失衡，领
导者需要采取行动进行文化变革。

1. 文化

我将企业文化划分为三个维度，如图 13-14 所示。

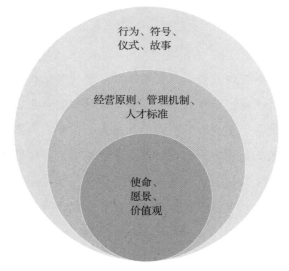

图 13-14   企业文化的三个维度

第一个维度是企业文化的内核，即使命、愿景、价值观。它们是企业最
重要的信念，能在潜移默化中影响每一个人。

关于使命和愿景的内容，我们在本章第一节进行过阐述，它们会在公司
面对战略选择、重大利益抉择时发挥作用，这里就不再赘述，重点讲一下价
值观。

　　价值观是企业及其员工共同认可和崇尚的价值评判标准、共同遵守的思维模式和职业道德，如彼得·德鲁克所说，企业家和管理者的任何管理行为，一举手、一投足，都受到价值观的支配。

　　阿里巴巴之所以成功，一个重要的原因就在于对价值观的坚守。

　　2001 年，阿里巴巴业务做得最好的两个业务员都在跑业务的过程中违规给了回扣。在当时，这两个业务员贡献了整个阿里巴巴 40% 的业绩，如果把他们开除了，本年度的盈利目标可能就无法完成了。但是，如果不开除他们，阿里巴巴的诚信价值观就成了空话。最后，阿里巴巴还是做了一个"极其痛苦的决定"——开除了两名业务员。

　　如今的成功企业，都是非常注重价值观的企业，都在努力争夺员工思想的第一高地。尤其是在 90 后、00 后纷纷进入职场的今天，价值观显得更为重要。因为对于思想多元、开放自由的新一代，依赖制度和要求来对员工进行约束的管理方式已经不再奏效，而价值观能够管理员工的思想，引领员工的心智，给他们的行为输入无形的标准，激发他们为企业创造价值。

　　第二个维度是经营原则、管理机制、人才标准。企业的使命、愿景、价值观如果没有配套的经营原则、管理机制、人才标准等，就会成为口号，不能真正落地。

　　经营原则指的是公司在经营过程中提炼出来的一般性的基本原则，比如阿里巴巴的"客户第一，员工第二，股东第三"。

　　企业在发展的过程中，还会形成很多管理机制，这些管理机制背后体现的都是公司文化。比如阿里巴巴的"政委"体系和"1 over 1 plus HR"⊖这两条机制就体现了公司以人为本的公司文化，阿里巴巴的价值观考核机制则是

⊖　"1 over 1 plus HR"是指由被考核人的直接上级、间接上级和一位人力资源负责人一同对员工进行考核，并由人力资源负责人对考核结果进行审核。

公司文化落地的保障机制，背后折射的底层假设是文化需要虚事实做，只有通过考核才能深入人心。

关于人才标准，我们前面提过的阿里巴巴的北斗七星选人法、九阳真经都属于这一维度。

第三个维度是行为、符号、仪式、故事等，这是企业文化的外在展示。企业的文化墙、Logo、庆典仪式都属于这一层次的文化。这个维度对公司的文化展示最为直观。

通过员工行为展示企业文化有一个有趣的案例。

2011 年在阿里巴巴发生过一件令人啼笑皆非的新闻：一个身穿西装、打着领带、背着黑色电脑包、白领装扮的惯偷在支付宝公司"穿帮"了，当场被抓。"我们这里不流行穿西装、打领带，他明摆着就不是我们这儿的。"当时员工们纷纷打趣说，做演技派小偷，也要先了解企业文化，不是所有白领都穿西装、打领带的。

其实，阿里巴巴一向非常尊重员工追求自由、舒适的工作习惯，因此不会对员工的着装有所要求，只要员工自己觉得舒服就行。所以，在阿里巴巴，你可能会看到有人穿拖鞋上班，却很少会看到有人西装革履地来上班，只有在公司有重大会议或活动时，相关的接待人员才会穿正装出席。正因为如此，这个惯偷才会露馅，落入法网。

公司庆典也是展示企业文化的一种重要方式。每个企业在发展的过程中都会有一些对公司产生过重大影响的日子，那些日子里的决策和行为、成功和失败都凝结出了这个企业的独一无二的文化特质，很多企业会通过有仪式感的节日活动对这些文化特质进行纪念与传承，比如阿里巴巴的阿里日。

阿里日是为了纪念 2003 年 5 月 "非典" 时期阿里人的激情和信念设

立的。

2003 年的"非典"，对正要起步快跑的阿里巴巴来说无疑是一场灭顶之灾。那时的阿里巴巴规模还比较小，杭州总部只有四五百人，全国只有 11 个办事处。当时，阿里巴巴的主营业务是帮助国内中小型外贸企业将产品推广到海外。为了能够让客户更多地呈现在海外买家面前，公司报名参加了 2003 年 4 月下旬的春季广交会。

当时广州已有非典病例，但本着客户第一的原则，公司还是决定派当时市场部的主要负责人宋洁前往参加。不幸的是，从广州回来后，宋洁就出现了感冒的症状。于是，阿里巴巴的核心管理层开始考虑：假如宋洁被隔离了，杭州的几百个员工怎么办？公司如果被隔离了，几百万位会员和客户又该怎么办？

为此，公司提前准备了应急方案。当时的 HR 彭蕾与政府电信部门积极沟通信息，技术部负责调整线路，即使真的被隔离，也能保障所有人可以正常接电话上网。

5 月 6 日，宋洁作为疑似病例被送到了定点医院隔离，其他员工也被要求自行隔离。为了鼓舞士气，阿里巴巴召开了一场隔离动员大会。动员会结束后，所有员工开始准备电脑、网线、桌子……确保自己在隔离期间也能继续办公。

隔离期间，员工们每天照常通过雅虎通上班打卡和交流，通过邮件、电话继续工作。到了晚上，同事之间还会举办线上卡拉 OK 活动。还有同学将家人培养成公司的客服人员，帮忙接听电话。彭蕾和时任 COO 关明生每天都会给员工打电话，询问大家的身体状况、客户情况，并鼓励大家。

那段时间很艰苦，但没有人抱怨公司，所有人齐心协力，希望快点度过危机。甚至很多客户都不知道阿里巴巴的员工被隔离了，因为一切业务都在正常开展。

14 天后，隔离结束了，这支经历过涅槃的队伍开始起飞。

为了感谢所有员工和家属的支持，也为了纪念在应对"非典"危机的过程中所凝结的果断、团结、敬业、互助互爱、永不放弃的阿里精神，阿里巴巴把每年的 5 月 10 日定为阿里日。每到这一天，公司都会举办隆重的庆祝活动，并开放公司，让阿里人的亲属和朋友走近阿里巴巴，感受阿里精神。

管理者可以从这三个维度由表及里、由浅入深、循序渐进地推进企业文化的建设。在这个过程中，有几个关键点是必须把握的。

（1）深度共创

企业文化往往来自企业创始人的信念、价值观，但也需要经过整个团队（至少是高管团队）的共创，因为只有共创才能形成最广泛的共识。因此，在构建企业文化的过程中，应注意全员的参与性，要让员工们通过各种方式加入到对企业文化各要素的讨论中，通过充分的磨合、深度的交流，形成大家都认同的企业文化。

2001 年 1 月 13 日，阿里巴巴的诸多高管坐在一起，讨论阿里巴巴的文化。关明生对大家说："我们的文化这么厉害，是不是可以写下来?"于是，这些人就开始一起写阿里巴巴的使命、愿景和价值观。金建杭拿了好几张纸，上面写满了各种各样的价值观。关明生跟彭蕾一起把这些价值观写在板子上。经过热烈的讨论，几个人把众多价值观缩减为九个，因为阿里巴巴的高管很多都是金庸迷，就取了"独孤九剑"这个名字。

2005 年，阿里巴巴又召开了一次管理大会，300 多名管理者花了两天的时间，把九大价值观浓缩为六个，将"独孤九剑"变成了"六脉神剑"。

阿里巴巴的价值观之所以深入人心，同其一开始就进行了深度共创有很大的关系。

（2）重点击穿

企业文化通常包括很多要素，但在文化落地的过程中，我们应该有所侧重，不能平均用力，并且要结合企业当下的情况来进行重点击穿。比如，如果企业当下面临的难题是客户满意度降低，那么企业文化的宣传就应该以"客户第一"为核心，通过机制的设计、理念的倡导让员工充分重视这一文化，在工作中把为客户创造价值当成重中之重。

我们曾经辅导过一家企业，它有一条价值观是"消费者第一"，它用了半年的时间专门围绕这条价值观进行重点击穿。

这家企业首先做了这条价值观的标准行为画像，鼓励团队按照这些标准推荐团队中的优秀案例。然后，每个月对这些案例进行评优，对创造这些优秀案例的员工进行奖励，并把优秀案例做成海报，在各个办公室内张贴展示。

同时，这家公司每个季度都会在管理会议上对能体现"消费者第一"精神的管理案例进行讨论，并且形成了一些关于"消费者第一"的"土话"。管理会议结束后，文化团队通过公司的沟通平台把相关内容传递给全员。

半年后，这些土话和案例基本深入到员工的心智中了，同时，消费者的满意度也有了明显的提升。

（3）化理念为行为

理念只有变成具体的行为，才能真正发挥作用。 因此，企业文化应该与员工的具体行为挂钩，比如阿里巴巴的每一条价值观都有详细、清晰的行为描述，并且有明确的打分标准，告诉员工做到什么程度可以得到什么分数，让员工在自评和他评时对照着打分。

（4）与利益绑定

员工对企业文化的贯彻靠的不只是信念，更是考核。**通过考核把企业文化与个体利益紧密地捆绑在一起，用利益牵引着员工去践行企业文化，企业文化才能真正发挥作用**。阿里巴巴的价值观考核分数一直和员工的利益强相关，直接影响到员工的年终奖、晋升、股票等。

（5）管理者言传身教，以身作则

如果一家公司的价值观是"客户第一"，员工约了一个客户与业务部门负责人进行交流，负责人却迟到了，员工和客户就会感觉"客户第一"只是一句空话。管理者的言传身教和以身作则非常关键。很多公司构建文化时做得轰轰烈烈，但就是因为管理层没有践行，文化最后成了口号。

（6）开放透明

在企业文化的建设过程中，管理者需要让员工知道公司发生了什么事情，并且有通道和途径表达自己的想法。华为的心声社区和阿里巴巴的内网都是文化传递的载体。除此之外，在阿里巴巴还有一些独特的文化传递方式，比如"老逍果汁会"。

张勇（花名逍遥子，员工都习惯叫他老逍）担任阿里巴巴董事会主席兼 CEO 时，会专门拿出一段时间和不同员工一起喝着果汁，探讨公司遇到的一些问题，这个与众不同的交流会被大家称为"老逍果汁会"。"老逍果汁会"的整个交流过程都向全员开放，是张勇公开回应员工的透明渠道。

2021 年，在"老逍果汁会"上，一些员工和张勇就"平凡人做非凡事还是非凡人做非凡事"进行了讨论，张勇明确表示："我们需要的就是平凡人，我们自己就是平凡人，我们是平凡人做非凡事。"有员工表示反对："不同意平凡人做非凡事，阿里要非常重视'super genius'的力量，一个公司应该是一部分精英带着大量平凡人做非凡事。"张勇回答："我当然愿意看到更多天才在我们的土壤上冒出来，但他也应该是一个平凡人，而不是说，我登高一呼，芸芸众生都跟我来。"这些"辩论"细节被如实地放上了阿里巴巴园区各个电梯的大屏，连续播放数天。[⊖]

2. 领导力

互联网和数字化技术的迅猛发展，推动了企业技术和商业模式的变革，也给企业的管理方式带来了颠覆性的改变。新的时代造就新的组织，更呼唤新型领导力的涌现。在这个越来越充满不确定性的 VUCA 时代，我认为企业领导者需要关注两个重点。

（1）高管团队心智模式的打造

高管团队是一家公司的第一团队，高管团队的竞争力在很大程度上决定了公司的竞争力。高管团队在战略、人才发展、激励和文化层面的心智和能力决定了企业能够走多远。小到初创公司，大到行业巨头，高管团队的构建、进化和迭代都是最为重要的组织工作，没有之一。

然而，在当下的很多企业中，高管团队的成员不过是一群因为工作职责聚合起来的被称为"高管"的人。这些高管往往在潜意识里认为自己是某一个团队（比如技术团队、营销团队）的负责人，而不是高管团队中的一员。这导致他们没有形成统一的心智模式，因此很难有战斗力。

企业领导力建设的第一步是高管团队心智模式的打造。只有高管团队成了一个强有力的团队，领导力才能真正地在企业中发挥作用。

高管团队心智模式的打造有三个关键点，如图 13-15 所示。

⊖　曾奥. 一场激辩在阿里巴巴［EB/OL］.（2021-05-17）［2023-08-19］. https://baijiahao.baidu.com/s?id=1699923346261401991&wfr=spider&for=pc.

图 13-15　高管团队心智模式的打造

第一，共启愿景，塑造以外部适应性为中心的高管文化。

赢得竞争一直是增强凝聚力的最佳方式。在企业的发展过程中，随着企业经营规模和团队规模的扩大，高管团队在内部竞争环境中很容易就会养成以领导为中心以及以自我为中心的行为模式。共启愿景，塑造以外部适应性为中心的高管文化，能把高管团队的注意力和行为拉到如何赢得竞争的视角。塑造以外部适应性为中心的高管文化，要注意以下几个关键要素。

- **客户导向**　我们在战略模块中讲到企业存在的目的是为客户创造价值，通过为客户创造价值换取收益。所以，客户导向也是打造高管心智模式的第一关键要素。企业可以建立客户走访机制，让高管定期走访企业的相关利益方，了解客户的现状、困难和期望。

- **营造危机感和对胜利的渴望**　危机感能够直接调动人的紧张感，激发团队动力。华为创始人任正非就是一位营造危机感和对胜利的渴望的高手。华为内部论坛曾经发布过一篇题为"整个公司的经营方针要从追求规模转向追求利润和现金流"的文章，任正非在文中强调，"把活下来作为最主要纲领，边缘业务全线收缩和关闭，把寒气传递给每个人"。任正非的讲话经常会传递强烈的危机感，让华为人认识到惶者生存，要居安思危。

- **创新迭代**　在商业中，创新非常重要，但也非常难。持续的创新迭代更是难上加难。为了促进创新，企业可以促使高管团队与市场上优秀的非同行企业进行交流，从而打开高管的创新心智。阿里巴巴的生态战略和平台模型都是高管们走访优秀企业，向它们学习，然后回到自己企业做出的创新。

第二，统一语言，建立高管团队共同的语言体系。

高管团队需要在战略和组织策略方面有共同的语言，基于共同的语言体系进行对话。我们创立非常 6+1 体系也是为了给大家提供一个共同的语言系统。当大家在一种共同的语言系统下对话时，才能真正实现共谋。

高管团队共同的语言体系包含以下几方面。

- **团队共同的思维框架和方法论**　企业的高管往往是来自不同企业的佼佼者，自带过去成功的思维框架和方法论。在实现共同目标的过程中，高管们要解决的第一个问题就是选好通往成功的道路——共同的思维框架和方法论，在这个基础上再谈论战术问题。
- **统一的词汇定义和标准**　阿里巴巴有各种版本的"三板斧"，很多外部的人一看到"三板斧"就会陷入困惑，但是阿里巴巴内部的人很清楚不同的"三板斧"是什么、它们分别解决哪些问题。可见，对企业经营的重点高频词汇特别是定性词汇的定义和标准做好统一非常重要。
- **共同的基本假设**　高管团队的基本假设需要通过大量的深度会谈逐渐形成。

第三，团队学习，构建生成性场域。

生成性场域是指企业中有能让高管团队通过有品质的互动和对话生成业务发展新思路和图景，突破原有认知，收获新洞见或解决方案的土壤。很多公司的高管会议都是一把手的一言堂，在这种情况下，企业是很难构建生成性场域的。

要想构建生成性场域，**团队就要有深度会谈的能力**。有的高管团队在讨论复杂的业务或者管理问题时是"盲人摸象"，每个人都认为自己看到的才是全部的真相，无法生成好的决策。如果高管团队具备了深度会谈的能力，通过几次卓有成效的深度会谈，就能迅速提高高管团队场域的生成性。企业最好请专业的会议场域搭建老师带着开几次高管会议，通过几次重要议题的讨论，让高管团队学会如何进行深度会谈。同时，深度会谈还能**建立团队之间的安全感和信任，提升高管团队的沟通能力**，特别是**提升高管的聆听能力**，从而使高管们看到自己原来看不到的部分。

（2）VUCA 时代的领导力模型

在 VUCA 时代，传统的领导力模式受到了极大的挑战。互联网模糊了组织边界，变革了传统价值链的驱动模式，使企业所面对的竞争超越了地域、行业的限制，也使企业的组织架构设计从传统的等级制转变为扁平管理模式。再加上全球业务环境越来越复杂，企业需要能够胜任各个级别领导岗位的员工，员工组成更加多样化，这都对领导力的多样性和包容性提出了更高的要求——在这个全新的时代，企业的领导者必须遵循新的领导力模型，如图 13-16 所示。

图 13-16　VUCA 时代领导力模型

愿景驱动

愿景驱动是 VUCA 时代领导者应具备的一种重要能力。把"领导"两个字拆开来看，"领"是指带领、率领，"导"是指引导，也就是说，企业的领导者需要带领、引导着一群人去实现某个目标，要驱动着大家往同一个方向走。怎么驱动呢？就是**用愿景告诉大家未来在哪里，让员工愿意跟着你一起走**。

乐观自信

在 VUCA 时代，企业遇到困境和难关是大概率事件，而越是在艰难的时候，越需要领导者有乐观、积极、开放、自信的心态。如果你是一个悲观的人，遇到打击就打退堂鼓，是不可能带着团队一起往前走的。

开放学习

社会每天都在高速发展，新的知识不断涌现，领导者必须有很强的学习能力，要能接受新鲜事物，能汲取新知识，学习新技术、新理念。

战胜竞争对手最快最好的方法，就是比对手学得更快、更好。很多知名的企业家都有终身学习的习惯，他们崇尚知识的力量，有强烈的求知欲，善于融会贯通，追求自我超越。

海尔创始人张瑞敏就是一位爱学习的企业家。他不抽烟，不喝酒，也不喜欢应酬，爱好是读书和与专家恳谈，甚至得了一个"书呆子"的外号。对学习的热爱早在童年时代就植根于张瑞敏的心中，即使是在成功之后，不论多忙，他都坚持天天读书。他平均一周看两本书以上，一年下来大概要看一百多本书。有人曾经问张瑞敏成功的秘诀是什么，他回答：是学习和读书。

除了自我学习，领导者还要在企业中打造热爱学习、积极学习的氛围，把企业打造成学习型组织。VUCA 时代，经验已经不足够支持企业继续向前走了，而学习型组织能使你的企业获得不断前进的动力。

决断担当

外部环境变化之快常常超乎我们的想象，很多难得的机遇往往稍纵即逝，因此，企业家一定要敢于做决策，敢于承担责任，这样才能以最快的速度把握住机遇，而不是在犹豫不决中眼睁睁地看着机会溜走。

激发赋能

在 VUCA 时代，组织管理更加强调合作、沟通和对信息的系统处理，员工变成组织的合作者，而不是单纯的受雇方。全新的组织管理要把员工视作组织的所有者、创业者，领导者也不应该再用管控的方式来管理员工，而应该激发和赋能员工，让他们发挥主人翁精神，从而获得人力资本的最大效用。

刘邦曾经说过，若论运筹帷幄之中，决胜千里之外，他不如张良；在治理国家，安抚百姓，供给粮饷方面，他不如萧何；团结百万之众，战必胜，攻必取，他又不如韩信。然而刘邦却凭借着这三位能人的辅佐，开创了西汉王朝。的确，刘邦在出谋划策、领兵打仗等方面并不擅长，然而他却能使优秀的谋士、将领们全都归顺于他，心甘情愿地为他效力，并且能不断激发他们的能力，使他们发挥更大的价值。这就是领导力的魅力所在。

在这个复杂多变的时代，只有那些拥有新型领导力的人，才能带领着企业走向更好的未来。

13.7　数字化：企业裂变成长的加速器

在充满不确定性的时代，决策效率和运营效率是企业在竞争中取胜的关键，而**数字化为企业带来的效率提升，不仅能成为企业的相对优势，更是**

一种绝对优势。数字化对决策速度的提高、对运营流程的改进、对运营成本的优化，最终都会提升企业的核心竞争力，从而使企业走上裂变式成长之路。正因为数字化如此重要，我在非常 6+1 体系中才会把数字化作为特殊的"1"进行重点阐述。

几年前，很多企业在面对数字化转型问题时，会考虑"要不要做"，而现在，在数字化已经更全面、更深度地融合到人类的生产、生活中的时代背景下，所有企业都深刻地认识到数字化已经成为一个必选项，摆在自己面前的只有两条路：**要么数字化，要么被淘汰**。

那些觉醒得更早一些、率先推进数字化变革的企业，已经把那些在时代潮流面前犹豫不决、等待观望的企业远远地甩在了后面。《2021 中国企业数字转型指数研究》显示，企业间数字化转型差距正在持续扩大，领军企业与其他企业的数字化转型得分差距已高达 35 分，2020 年两者的营收增速差距已从疫情前的 1.4 倍扩大至 3.7 倍。

那些落后于时代的企业绝大多数都是中小型企业。由于经营能力、资金、人才等因素的限制，中小型企业对数字化的了解程度普遍较浅，而且在认知上存在很多误区，这导致它们在数字化转型的道路上迟迟未能起步，甚至一开始就走向了错误的方向。

那么，到底什么是数字化？数字化能够给企业带来哪些转变？

企业进行数字化转型的本质，是通过构建数字化平台，实现业务到数据、数据到信息、信息到知识、知识到智慧或决策的 4 个高效转换，对外提升客户满意度，对内实现效率提升。因此，如我们在开头所说的，**数字化为企业带来的最根本的改变，是效率的提升**。

这种效率的差异正是传统企业与数字化企业的根本区别。有人曾经给出一个形象的比喻：今天中国的高铁已经非常普及，数字化企业如同动车组，每节车厢都是发动机，而传统企业就像 20 年前的绿皮火车，跑得快不快全由车头带。

这种效率的提升首先体现在决策效率上。

在传统企业，几乎所有的经营活动都是由老板拍脑袋决定的，老板的经营能力就是企业发展的天花板。在工业时代，这种方式是可行的，但到了互联网时代，商业活动产生的信息和数据出现了爆炸式增长，这时，如果老板仍然凭借着自己的感觉去判断、预测，不但决策速度很慢，而且决策质量不高，甚至很可能会做出错误的决策。不仅如此，企业中的各个部门在执行老板做出的经营决策时也需要人工协调，于是工作无法衔接、配合不及时的情况屡屡发生。上层决策不当，下层执行不力，导致整个企业反应迟钝、行动缓慢，而市场是不等人的，当危机来临时，这样的企业会先被淘汰出局。

而进行了数字化转型的企业，可以借助大数据、云计算、人工智能等先进的数字化技术去收集、储存、运算数据，通过数据中台把所有环节的信息打通，对市场做出精准的分析、预测，从而做出快速的反应和决策。员工也可以根据数据化的指令，去完成自己的工作目标，提高了执行力。

与此同时，企业的运营效率也得到了提升。数字化转型使企业可以通过OA（办公自动化）、CRM、ERP（企业资源计划）、EHR（人力资源管理系统）等数字化系统来管理所有的经营环节和业务流程，通过数据来驱动业务运营，这极大地促进了部门与部门之间的高效协同，快速提升了企业的业务处理效率及服务水平。

如今有一些企业已经通过数字化转型实现了组织各环节的高效率运作，比如凯盛浩丰农业有限公司（简称凯盛浩丰）就用数字化的方式做农业，走出了一条与众不同的创新之路。

参访凯盛浩丰时，在它的智慧温室里，我深刻感受到了数字化对农业的改变。大棚里干净整洁，宽敞明亮，尽管正值冬天，外面寒风刺骨，棚内却温暖舒适，绿意盎然。一排排立体番茄种植架整整齐齐，每一株番茄都枝叶茂盛，上面挂满了果子，有的红艳饱满，有的橙黄诱人。一个个穿着统一工作服的工作人员驾驶着自动化的小车，在种植架之间来回穿行，将那些成熟的果子一一采摘下来，整个温室里充满着丰收的喜悦。

这就是凯盛浩丰的智慧农业系统，在这里，处处都能看到数字化的影子：每个大棚都有一个"智慧大脑"，也就是种植管控系统，这个系统包括几百个传感器，它们实时监测棚内的温度、湿度、光照强度、二氧化碳含量、土壤pH值等信息以及作物的生长情况，每天将几十万条数据传回到电脑，电脑根据数据分析、判断什么时候应该浇水，什么时候应该施肥，什么时候应该采摘；大棚顶部的自动化遮阳幕布系统能根据气候情况对棚内的光照、温度进行适当地调节，最大限度地为番茄的生长创造有利的条件；水肥一体化系统能为番茄提供精准的水肥供应，使番茄快速生长，并且保持高品质。

智慧农业系统改变了传统的农业种植方式，农民们不再需要耕地、施肥、打药、浇水，只需在智慧温室中按照工序遥控生产，生产效率大大提高。过去需要几百个人来做的工作，现在只需要十几个人就能完成。

一站式智能分析平台则从销售和运营环节提高了凯盛浩丰的运营效率。凯盛浩丰将每天采收和加工的数据传输到这个平台上，平台会对这些数据进行分类、处理、分析。公司的各个部门都可以通过这个平台来获取数据，开展业务。比如，管理层可以在平台上查看上下游数据流，实时了解各部门的业务进展，对运营策略进行及时有效的调整；农业技术部门可以通过平台查看大棚里的温、光、水、气、肥等生长要素的各项数据，实时了解各个指标是否正常，在出现异常时快速做出响应；销售部门可以对库存和业绩进度进行监测，并实时了解各基地、各品种的订单匹配情况，提升订单的履约效率；人力资源部门则可以通过平台掌握员工的入离职情况、工作状态，高效进行人力资源管理。

利用数字技术，凯盛浩丰将农业的全产业链进行了平台化管理，实现了农业生产、销售、服务的移动化、云化、智能化，让现代农业装上了"数字引擎"，开始了飞速发展。

数字化不仅加速了农业的现代化进程，在各个行业都发挥着巨大的作用。数字化转型以及随之而来的效率提升，可以使企业脱胎换骨。不过，要完成这个过程，并不是一件容易的事。在这个过程中，企业要从 5 个方面做好准备，我将其总结为"五力模型"，如图 13-17 所示。

图 13-17   数字化时代的"五力模型"

领导力

在"五力模型"中，领导力居于中心位置，这是因为**数字化是一把手工程**，需要对组织进行系统的、全面的变革，需要大量资金的投入，会触动多方利益，只有一把手高度重视，亲自引领，强力推动，数字化转型才能真正落地。科锐国际发布的《从蓝图到伟业：中国企业数字化转型的思考与行动》发现："较为成功的数字化转型，约一半是由 CEO 直接负责的。一把手的参与程度，很大程度上影响了数字化转型能否取得较好成果。"

三一集团的数字化转型非常成功，其旗下的桩机工厂被评为"世界灯塔工厂"，其秘诀之一就在于董事长梁稳根的亲力亲为。三一集团的数字化转型战略是"1+5"，其中"1"指的就是一把手躬身入局。

1998 年，华为引入了 IBM 的 IPD（集成产品开发）流程体系，一开始在内部推行得非常艰难，后来任正非亲自上阵才成功推动。

由此可见，在数字化转型中，一把手一定要从内心深处认识到数字化是自己的事，而且要不断提升自己的数字化领导力。这种数字化领导力体现在很多方面，第一，一把手要有很高的数字化修养，不仅要了解数字化经济和数字化科技，更要了解数字化人文，不断提高自己的数字化认知。第二，一把手要有前瞻性思维，有感知外界趋势的战略洞察力。第三，一把手要有引领数字化变革的决心，能牵引企业树立数字化愿景，带领全体员工全力投入，克服重重困难，变革到底。

规划力

数字化转型不可能一蹴而就，而是一场漫长的马拉松。要想走到最后，就要做好规划，有步骤地去推进这项巨大的工程。**在做规划时，企业应该对准长期战略，从"站在现在看未来"的视角，思考未来 3 ～ 5 年数字化会给企业、行业带来什么样的改变**，然后制订企业的具体规划，为企业的数字化转型画出路线图。

文化力

很多人认为企业数字化转型的最大难度在于数字化技术的驾驭和应用，其实，真正的难题并不在技术，而在文化。数字化转型需要文化的支撑，企业要在内部营造数字化转型的文化氛围，让员工们建立数字化思维，这样才能激发组织的数字化创新能力。

美的在进行数字化转型之前，方洪波先在内部进行了企业文化的重塑。他努力打破过去美的层级分明的阶层文化，打造去中心化的、平等的文化氛围。为此，方洪波取消了几乎所有人的个人办公室，就连他自己的办公室也使用玻璃墙，向员工传递一种开放的态度。在总部执委会的会议上，方洪波要求与会的每个人都必须在重要事项上发表自己的意见，进行集体决策，同时，他还要求各事业部建立管理委员会进行集体决策，杜绝"一言堂"。正是因为有了文化上潜移默化的影响，方洪波在美的推行数字化转型时才会事半功倍。

组织力

"沿着旧地图，找不到新大陆"，同样，用旧组织也不可能实现新战略。因此，打造具备数字化能力的组织，是进行数字化转型的重中之重。为此，企业应构建数据驱动、以客户为中心的敏捷组织、柔性组织，使组织更加生态化、平台化、扁平化，从而实现高效协同、敏捷协作，为数字化转型提供强力的支撑。

执行力

企业的执行力在数字化转型的过程中能够起到决定成败的作用。因为企业的任何一项战略，最终都要靠执行来落实。只有激活员工的执行力，让组织充满动力，数字化转型才能真正落地。

数字化转型是一个复杂的系统性工程，没有通用的公式可以套用，但是通过"五力模型"一步步打造支撑数字化转型的各项能力，企业的数字化之路可以走得更稳一些，更快一些。

对任何一家企业来说，数字化转型都算得上一场脱胎换骨、洗经伐髓的修行，这个过程注定是艰难而痛苦的。但完成数字化转型后，企业将会得到升华和重生，在数字化的浪潮中获得破圈式成长。

后　　记

查尔斯·狄更斯曾说:"那是美好的时代,那是糟糕的时代;那是个睿智的年月,那是个蒙昧的年月;那是信心百倍的时期,那是疑虑重重的时期;那是阳光普照的季节,那是黑暗笼罩的季节;那是充满希望的春天,那是让人绝望的冬天。"这番话或许可以作为我们当下所处时代的最佳注脚。在这样一个充满不确定性的时代,企业增长的问题成了很多企业最关注的事情,也成了我们一直致力探索与研究的问题。本书所呈现的正是我们数十年的心血结晶——增长四极模型。

本书的写作历时良久,为了将增长四极模型更好地呈现给大家,让管理者能在短时间内有效运用,我们团队就本书的内容展开了无数次头脑风暴,进行了一轮又一轮打磨,力求每一个模块都能易于理解,方便快速上手,真正为实战赋能。如果这本书能够给读者带来哪怕一丝启发,它便证明了自己的价值,达成了自己的使命。

当然,受时间、精力、学识以及经验所限,本书难免存在疏漏乃至错误之处,恳请各位读者及时予以批评指正,帮助我们继续完善增长四极模型。

本书得以问世,离不开机械工业出版社岳占仁先生、许若茜女士的慧眼识珠。更重要的是,编辑们负责、专业以及精益求精的态度促使本书不断改进,臻于完善,在此真诚地感谢他们的付出。

　　在我们的职业生涯和发展道路上，有很多人无私地给予过我们帮助，借此机会，衷心地对他们表示感谢，他们是：马云、李琪、李旭辉、卫哲、邓康明、曾鸣、杨浩涌、姚劲波、牛文文、李善友、徐新、陈维广、计越、庞小伟、王春燕、徐扬生以及广大创业者和众多顾问公司 CEO。因为篇幅有限，不能一一列举出所有人的名字，但过去的点点滴滴，我们都牢记于心，感恩一路相伴，希望未来能继续携手同行。

　　最后，特别感谢我们的家人，没有他们多年来的全力支持与默默奉献，我们不可能全身心投入到工作中，也就不会有本书的最终出版。谨以本书献给我们深爱的家人！

参考文献

［1］ 纳德拉. 刷新：重新发现商业与未来［M］. 陈召强，杨洋，译. 北京：中信出版集团，2018.

［2］ 杨国安. 组织能力的杨三角：企业持续成功的秘诀［M］. 北京：机械工业出版社，2015.

［3］ 余胜海. 用好人，分好钱：华为知识型员工管理之道［M］. 北京：电子工业出版社，2019.

［4］ 范厚华. 华为铁三角工作法［M］. 北京：中信出版集团，2021.

［5］ 和阳. 阿里局［M］. 广州：广东经济出版社，2018.

［6］ 和阳. 阿里局：第2册 逆袭者［M］. 广州：广东经济出版社，2019.

［7］ 王占刚. LTC与铁三角：从线索到回款［M］. 北京：人民邮电出版社，2023.

［8］ 波特. 竞争战略［M］. 陈丽芳，译. 北京：中信出版集团，2014.

［9］ 佩拉德. 战略思维［M］. 王建志，译. 北京：中信出版集团，2022.

［10］ 鲁梅尔特. 好战略，坏战略［M］. 蒋宗强，译. 北京：中信出版集团，2017.

［11］ 弗雷德·戴维，福里斯特·戴维，梅雷迪思·戴维. 战略管理：建立持续竞争优势［M］. 徐飞，译. 北京：中国人民大学出版社，2021.

［12］ 霍伊泽尔. 战略的演变：从古至今的战争思考［M］. 年玥，译. 上海：上海人民出版社，2023.

［13］ 德鲁克. 卓有成效的管理者［M］. 辛弘，译. 北京：机械工业出版社，2022.

［14］ 德鲁克. 管理的实践［M］. 齐若兰，译. 北京：机械工业出版社，2020.

［15］ 拉姆勒，布拉奇. 流程圣经［M］. 王翔，杜颖，译. 北京：东方出版社，2014.

［16］ 麦克里斯特尔，柯林斯，西尔弗曼，富塞尔. 赋能：打造应对不确定性的敏捷团队［M］. 林爽喆，译. 北京：中信出版社，2017.

［17］ 茅庐学堂，张山领，张璞，等. 阿里三板斧：重新定义干部培养［M］. 北京：电子工业出版社，2019.